미국, 이상한 나라의 경제학

미국, 이상한 나라의 경제학

로버트 라이시

안기순 옮김

까치

Economics in Wonderland :

A Cartoon Guide to a Political World Gone Mad and Mean

by Robert B. Reich

Text and illustrations copyright © 2017 Robert B. Reich. Design copyright © 2017 Fantagraphics Books. Translation rights arranged through Fantagraphics Books. Originally published by Fantagraphics Books, Seattle, WA(fantagraphics.com). All rights reserved.

This Korean edition was published by Kachi Publishing Co., Ltd. in 2018 by arrangement with Fantagraphics Books, 7563 Lake City Way NE, Seattle WA 98115(fantagraphicsbooks.com) through KCC(Korea Copyright Center Inc.), Seoul.

이 책은 (주)한국저작권센터(KCC)를 통한 저작권자와의 독점계약으로 (주)까치 글방에서 출간되었습니다. 저작권법에 의해 한국 내에서 보호를 받는 저작물이므로 무단전재와 복제를 금합니다.

역자 안기순(安己順)

이화여자대학교 영어영문학과를 졸업하고 동대학 교육대학원에서 영어교육을 전공했다. 미국 워싱턴 대학교에서 사회사업학 석사학위를 취득한 후 보건복지 비영리 단체인 아시안 카운슬링 앤 리퍼럴 서비스에서 카운슬러로 근무했다. 현재 바른번역 소속의 전문번역가로 활동하고 있다. 옮긴 책으로는 『자본주의를 구하라』, 『로버트 라이시의 1대99를 넘어』, 『돈으로 살 수 없는 것들』, 『옵션 B』를 포함해 다수가 있다.

미국, 이상한 나라의 경제학

저자/로버트 라이시

역자/안기순

발행처/까치글방

발행인/박후영

주소/서울시 용산구 서빙고로 67, 파크타워 103동 1003호

전화/02 · 735 · 8998, 736 · 7768

팩시밀리/02 · 723 · 4591

홈페이지/www.kachibooks.co.kr

전자우편/kachisa@unitel.co.kr

등록번호/1-528

등록일/1977. 8. 5

초판 1쇄 발행일/2018. 6. 12

값/뒤표지에 쓰여 있음

ISBN 978-89-7291-666-6 03320

이 도서의 국립중앙도서관 출판예정도서목록(CIP)은 서지정보유통지원시스템 홈페이지(http://seoji.nl.go.kr)와 국가자료공동목록시스템(http://www.nl.go.kr/kolisnet)에서 이용하실 수 있습니다. (CIP 제어번호 : CIP2018016805)

차례

서론

몇 년 전 이야기이다. 영화 제작자이자 감독인 나의 아들 샘이 나에게 자신의 의견을 솔직하게 말했다. "아버지는 책 쓰는 일을 좋아하시잖아요. 책이 중요하기는 하죠. 하지만 저희 세대는 영화와 영상에 특히 친숙해요. 다른 매체를 사용해서 아버지의 아이디어를 표현해보시는 건 어떨까요?"

생각해보지 못한 방법이었다. 하지만 기꺼이 시도해보고 싶었다.

나는 임금 정체와 불평등 확산, 이 두 요인이 일으킨 분노와 좌절, 그 결과 발생한 정치적 현상에 대한 거부 현상의 확산을 아우르는 미국의 경제와 정치 문제를 주제로 책을 많이 썼다.

그러나 나는 아들의 제안을 받아들였다. 대학생 두 세대를 가르치며 정보와 분석 자료를 흡수하는 학생들의 방식이 미묘하지만 분명히 달라졌다는 사실을 이미 감지했기 때문이다.

아들과 이야기를 나누고 몇 달이 지났다. 젊은 영화감독 제이컵 콘블루스가 아들의 제안과 완벽하게 일치하는 의도로 작성한 기획서를 들고 버클리 대학교로 나를 찾아왔다.

제이컵은 내가 쓴 『위기는 왜 반복되는가(*Aftershock*)』를 바탕으로 영화를 제작하고 싶다고 했다. 2008년 금융위기를 겪으며 사람들이 소득, 부, 정치력의 불평등한 분배 현상에 어떻게 눈을 뜨게 되었는지를 다룬 책이었다.

그 책을 어떻게 영화로 만들 수 있을지 전혀 감을 잡을 수 없었던 나는 "복잡한 개념을 다룬 내용이라 영화에 적합하지 않아"라고 대답했다.

제이컵은 전혀 문제가 없다면서 나를 안심시켰다.

그후 2년 동안 제이컵과 그의 팀은 다큐멘터리 영화 「모두를 위한 불평등(Inequality for All)」을 제작해서 선댄스 영화제에서 심사위원 특별상을 받았고, 영화관 수백 곳에서 상영하는 동시에 영상 스트리밍 형식으로도 공개했다. 이 영화는 대학교와 고등학교에서 경제학과 정치학의 수업 자료로 계속 쓰이고 있다.

제이컵과 나는 2-3분짜리 동영상도 제작해서 오바마 대통령이 주도한 부담적정보험법(Affordable Care Act)과 도널드 트럼프가 주장한 사회기반시설 투자계획 등 많은 사람들이 혼동하는 공공 정책을 설명했다.

그림 그리기를 좋아했던 나는 제이컵과 함께 동영상을 제작하며 그곳에서 설명한 개념들을 이젤을 세워놓고 스케치했다.

사람들은 삽화와 동영상을 좋아해서, 둘을 함께 보니 주위에서 일어나는 현상을 더욱 잘 이해할 수 있었다고 말했다. 이렇게 우리가 찍은 동영상은 지금까지 수억 건의 조회 수를 기록했다.

아들의 생각은 옳았다. 삽화를 담은 짧고 산뜻한 동영상은 시각적 사고방식에 익숙한 사람들에게 닿을 수 있는 한 가지 방법이었다. 많은 단어들을 나열하여 표현할 필요가 없는 설명과 논쟁도 많다는 사실 또한 깨달았다. 그래서 몇 개 안 되는 단어와 삽화만 사용하고도 개념을 매우 강력하게 표현할 수 있었다.

이 책은 노력이 빚어낸 산물이다.

대통령의 터무니없는 과장과 "거짓 뉴스"가 난무하는 오늘날에는 사람들이 이해할 수 있는 방식으로 진실을 전달하도록 노력하는 태도가 특히 중요하다.

큰 돈

연방준비제도는 무엇인가?
우리에게 어떻게 영향을 미치는가?

연방준비제도(Federal Reserve System)는 워싱턴 DC에 있는 매우 중요한 정부 기관으로 대개 "Fed"로 줄여서 부른다.

연방준비제도는 국민의 직업과 급여에 크게 영향력을 행사한다. 본질적으로 미래의 금리를 결정하기 때문이다.

금리는 어떻게 기능할까? 금리를 낮출수록 돈을 빌리기 쉬워지고, 돈을 빌리기 쉬울수록 경제가 활발해진다.

금리가 낮으면 은행에 지불하는 돈이 적어지고, 국민에게는 필요한 상품을 살 돈이 많아져서 수요가 늘어난다. 그러면 노동 수요가 늘어나 일자리가 더욱 많이 생긴다. 일자리가 많아지면 고용주는 필요한 인력을 확보하기 위해서 임금을 더 많이 주는 동시에 근로 환경을 개선해야 한다.

이것은 모두에게 좋은 현상이다. 직업과 임금 사다리의 맨 밑에 있는 사람들에게 특히 좋다. 경제가 급속하게 성장했던 1990년대 말 미국의 실업률은 4%까지 떨어졌고, 경제 사다리의 맨 밑에 있는 근로자의 임금까지도 인상되었다.

이와 반대로 연방준비제도가 금리를 올리면 돈을 빌리기가 더욱 힘들어지고 이자도 커진다. 빚을 갚느라 돈을 더 많이 내야 하므로 필요한 상품을 살 돈은 줄어든다. 그래서 일자리가 줄어들고 임금 인상 압력은 거의 혹은 완전히 사라진다.

이 연방준비제도는 2008년 대침체(Great Recession) 이후에 그랬듯이 어김없이 금리를 0%나 그에 가깝게 유지할 것이다.

그러나 인플레이션을 막는 것도 연방준비제도의 임무이다. 인플레이션은 수요가 지나치게 많은 데에 반해서 상품이 지나치게 적어서 물가 인상을 통제하지 못하는 경우에 발생하는 경제 현상이다. 그래서 연방준비제도는 일자리를 늘리고 임금을 인상하라고 압박할지, 아니면 근로 가정이 치러야 하는 대가와 상관없이 인플레이션을 막을지 신중하게 저울질해야 한다.

연방준비제도의 공개시장위원회(Open Market Committee)는 이러한 결정을 매년 몇 차례 내리는데, 일부 위원은 인플레이션의 발생을 우려해서 금리를 인상하라고 압박한다. 하지만 금리 인상은 다음의 3가지 중요한 이유 때문에 큰 실수라고 할 수 있다.

(1) 실업률이 여전히 높다. 풀타임 직장을 구하지 못해서 여전히 파트타임으로 일하는 근로자 수백만 명과 몇 년 동안 직장을 구하지 못해서 구직 활동을 중단한 수백만 명을 고려하면 실업률은 여전히 높

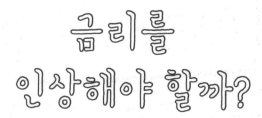

①실업률이 계속 높다

파트타임

너무 기가 죽어 구직 활동을 할 수 없다

실업자나 부득이하게
파트타임을 하는 근로자 무리

| 취업자 | 실업자 |

2. 임금이 여전히 진창에 빠져 있다

임금

가구당 중간 소득 ↓6%

11.3%

다. 이들은 이미 실업자 통계에 포함되어 있다. 직업이 있는 생산 가능한 미국인의 비율은 35년 만에 거의 최저 수준이다. 연방준비제도가 지금 금리를 인상하면 이 모든 현상은 악화될 것이다.

(2) 임금이 여전히 진창에 빠져 있다. 현재 가구당 중위 소득은 2008년 대침체 전보다 6% 적다. 연방준비제도가 금리를 인상하면 대부분의 근로자는 임금 인상을 전혀 적용받지 못한다. 금리 인상의 최대 피해자는 유색인종과 여성이다. 2014년 흑인의 실업률은 11.3%로 백인 실업률의 2배 이상이었다. 물론 여성의 임금이 같은 일을 하는 남성보다 낮은 현상도 바뀌지 않았다.

경제가 계속 성장해서 고용주가 근로자를 더 많이 고용한다면 흑인과 여성을 차별하기 힘들어진다. 그렇게 되면 인종 격차와 성 격차가 줄어들 수 있지만, 금리를 인상하면 반대로 격차는 더 커질 것이다.

(3) 어디에도 인플레이션 징후는 없다. 물가는 전반적으로 통제되고 있으며, 항공사 서비스와 인터넷 서비스처럼 물가를 통제할 수 없는 경우에는 기업끼리 경쟁이 심하지 않기 때문이다. 경쟁이 치열하지 않은 분야의 기업들이 가격을 인상하는 까닭은 수요를 통제하지 못해서가 아니라 소비자를 다른 기업에 빼앗길까봐 겁을 내지 않기 때문이다.

게다가 인플레이션은 갑자기 병 속에서 불쑥 튀어나오는 요정 지니가 아니다. 인플레이션이 발생하면 그때 가서 금리를 인상하면 된다.

3. 인플레이션 징후는 없다 !

그때 억제하면 된다

지니

인플레이션

소수가 아닌 다수를 위한 자본주의를 구하자

자유시장이 자연발생적이고 중립적이라는 개념은 매우 현혹되기 쉽고 위험천만하다.

전통적으로 경제 논쟁은 경제를 두 부문, 즉 자유시장으로 대변되는 민간부문과 정부로 대변되는 공공부문으로 나누어 벌어진다. 이 책에서 논하는 자유시장은 국민에게 임금을 지불하고 재화와 서비스를 자연발생적이고 중립적인 방식으로 분배한다. 정부는 서비스를 규제하고, 기업과 개인의 일부 소득에 세금을 부과한 후에 재분배하는 방식으로 자유시장에 개입한다.

보수주의자와 진보주의자의 논쟁은 정부가 소위 자유시장에 개입하는 정도가 대부분의 국민에게 유익한 경제 달성에 적절한지를 둘러싸고 벌어질 때가 많다.

그러나 여기에는 결정적으로 중요한 점이 빠져 있다. 본질적 의미의 자유시장은 존재하지 않는다는 사실이다. 실제로 자유시장은 정부가 제정하고 시행하는 일련의 규칙으로 형성된다. 그후 선출 관리, 기관의 장, 법관 등이 규칙을 만들고 때로 바꾸기도 한다. 그들이 시장을 만드는 것이다. 여기서 문제의 핵심은 규칙을 만들고 시행해서 누가 이익을 누리느냐, 누가 상처를 입느냐, 누가 규칙을 만들기 위해서 대부분의 영향력을 행사하느냐이다.

예를 들면 시장의 작용을 보자. 시장은 노동 계약을 포함한 채무를 탕감해주면서 대기업과 억만장자가 파산하지 않도록 보호해준다. 하

누가 이익을 누릴까?
누가 상처를 입을까?
누가 정부에 가장 큰
영향력을 행사할까?

CEO
억만장자

파산하지 않도록 보호받는다

학자금 대출

파산하지 않도록 보호받지 못한다

초절정
기업

CEO 주주들

무역협정은 특허권, 상표권, 저작권 등 지적재산권을 보호한다

근로자의 기술은 보호받지 못한다

월스트리트
구제받는다

주택소유주는 구제받지 못한다

지만 학자금 대출로 허덕이는 대학교 졸업생이 파산하지 않도록 보호해주지는 않는다.

국제무역협정은 대기업의 지적재산권을 보호하지만, 미국 근로자의 축적된 기술은 보호하지 않는다.

채무를 변제할 수 없는 거대 월스트리트 은행과 소속 임원은 구제를

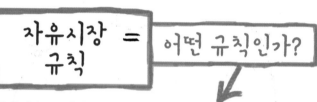

받지만, 주택담보 대출금을 갚을 수 없는 주택소유주는 구제를 받지 못한다. 미국 산업에서는 거대 방송통신 기업, 제약 회사, 대형 항공사, 건강보험사, 월스트리트 은행, 거대 농업, 거대 소매기업처럼 기업을 합병해서 시장을 독점하다시피 할 수 있다.

그러나 노동조합에 가입하고자 하는 근로자는 온갖 장애물에 부딪힌다. 노동조합을 약화하는 "노동권법(right-to-work law)"(조합에 가입

하지 않아도 직장에 다닐 수 있도록 허용하는 법/역주)을 채택하는 주가 늘어나면서, 기업은 아무 처벌도 받지 않고 근로자를 해고한다. 지금까지 열거한 사항은 소위 "자유시장" 규칙의 일부에 불과하다.

민주주의가 합당한 방향으로 가동한다면 시장의 규칙은 국민 모두에게 이로울 것이다. 하지만 지난 40년 동안 소득과 부를 집중적으로 확보한 상위 부유층은 정치인과 규제기관의 장(심지어 법정과 변호사)에게 영향력을 행사하는 방식으로 시장의 규칙을 형성해왔고, 그 결과 시장은 부유한 소수에게 이익을 안길 목적으로 조작되었다.

국민 대부분이 겪고 있는 야만적인 불평등과 불안정을 진심으로 줄이고 싶다면, 중립적인 자유시장이라는 날조된 이야기에 흔들려서는 안 된다.

상위 소수만을 위해서가 아니라 국민 모두를 위해서 시장을 가동해야 한다. 그러려면 마땅히 우리 소유인 시민의 권리를 행사해야 한다.

자유무역 거래의 현실

지금도 경제학자들은 자유무역이 대부분의 미국인에게 대체로 이익을 안겨준다고 생각하지만, 여론조사를 실시해보면 조사자의 35%만 그렇다고 대답한다.

생각이 다른 이유는 무엇일까?

경제학자들은 효율성이 향상되면 어떤 정책이든 지지하기 때문이다. 그렇다면 경제학자들이 정의하는 효율적인 정책은 무엇일까? 정책 덕택에 이익을 얻는 사람이 정책 탓에 손해를 입는 사람에게 보상을 **하고도** 최종적으로 이익을 거두는 정책이다.

그러나 이런 사고는 다음 3가지 중요한 현실을 묵과한다.

(1) 불평등이 계속 증가한다. 불평등이 확산되는 사회에서는 대개 승자가 패자보다 부유하다. 승자는 부의 기반을 더욱 넓힐 수 있으므로 패자는 충분히 보상을 받더라도 예전보다 훨씬 더 궁핍하다고 느낄 수 있다.

(2) 안전망이 계속 느슨해진다. 사실상 승자는 패자에게 보상하지 **않는다.** 자유무역에서 패자, 즉 좋은 일자리를 잃은 수백만 명의 근로자는 실업 보험조차 받지 못한다.

무역조정 지원제도(Trade adjustment assistance, 자유무역협정 때문에 손해를 입은 중소기업을 지원하는 제도/역주)는 한마디로 웃기는 소리

이다. 게다가 경제 규모에 대비해서 미국이 직업훈련에 투자하는 비율은 대부분의 다른 선진국보다 낮다.

(3) 중간 임금이 계속 감소한다. 자유무역 탓에 임금이 계속 줄어들어도 감소분을 보상받지 못한다. 외국에서 들어오는 값싼 재화와 서비스에 접근하기 때문이다. 물론 값싼 재화가 들어오면 이익이지만 인플레이션을 고려할 때, 미국 생산직 근로자의 중간 시급은 1974년보다 여전히 낮다.

따라서 대중이 자유무역을 지지하기를 원한다면 누구나 자유무역으로 이익을 얻을 수 있는 환경을 조성해야 한다.

그러려면 **실업** 보험뿐만 아니라 **소득** 보장을 포함해서 진정한 의미의 재고용제도를 갖추어야 한다. 따라서 실직을 하고, 임금이 더 적은 일자리를 잡아야 하는 근로자에게는 1년까지 임금 차이의 일정 부분을 보전해주어야 한다.

좀더 근본적으로는 자유무역에 따른 이익을 더욱 광범위하게 분배해야 한다.

세금지출을 제한하자

현재 미국의 연방 정부는 매년 수천억 달러에 이르는 세금을 쏟아부어서 가장 부유한 계층의 재산을 더욱 불려주고 있다. 어떤 방법을 사용할까? 정부 지원금 형태인 세금지출(Tax Expenditure, 정부가 개인이나 기업에게 재정지원을 하는 방법으로, 원칙적으로 내야 하는 세금을 정책적 감면 조치에 따라서 면제해주는 세금제도이다/역주)을 통해서 가능하다. 부유층의 과세소득에서 거액의 고용주 지불 의료보험, 퇴직적금(retirement savings), 주택담보 대출 이자를 공제하거나 감면해주는 것이다. 이 3가지 세금지출 정책은 다음의 이유로 개혁해야 한다.

첫째, 3가지 세금지출은 불공정하다. 중저 소득층 근로자는 기업 임원만큼 많은 건강보험 혜택과 퇴직소득을 받지 못할뿐더러 전혀 받지 못하는 근로자들도 많다. 그들의 주택담보 대출액은 혹시 있더라도 대개 부유층보다 훨씬 더 적다. 가격이 부유층만큼 높지 않은 주택에서 살기 때문이다.

둘째, 이러한 형태의 세금 공제와 감면은 터무니없다. 세금 공제와 감면을 세법에 포함시킨 원래의 취지는 재정적인 인센티브를 제공해서 건강보험을 유지하고, 퇴직을 대비해서 저축을 하고, 집을 사도록 장려하려는 것이다. 하지만 부유층에게는 이러한 인센티브를 제공할 필요가 없다. 그만큼 부유하기 때문이다.

셋째, 이러한 형태의 세금 공제와 감면을 실시하는 데에 드는 비용이 연간 수천억 달러에 이른다. 2015년만 해도 3,480억 달러가 들었는데, 최대 혜택을 받는 것은 고소득 가정이었다. 부유층을 훨씬 부유하게 만드는 데에 이 돈을 쓰지 말고, 현재 계속 불이익을 당하고 있는 유색인종 가구를 포함해서 중저 소득 가구에게 더욱 나은 건강보험을 제공하고, 퇴직소득을 보장하며, 적절한 수준의 주택을 제공하는 데에 써야 한다.

한마디로 미국 부유층의 과세소득에서 고용주 지불 의료보험, 퇴직적금, 주택담보 대출 이자 등을 해마다, 예를 들면 2만5,000달러 이상을 공제하거나 감면해줄 이유는 전혀 없다.

이러한 종류의 세액공제와 감면을 제한하는 것이 합리적이고, 재정적으로 책임감 있으면서, 공정한 정책이다.

법인세 탈루

해외에서 세금을 더 적게 낼 수 있다는 이유로 미국 기업들이 자국을 탈출하고 있다. 일부 정치인은 미국의 법인세율을 낮추는 것이 기업의 탈출을 막는 유일한 방법이라고 주장한다.

그렇지 않다.

세계를 둘러보면서 더욱 낮은 법인세율에 맞추려고 하면 한도 끝도 없다. 그 대신에 대통령과 재무부는 자신에게 주어진 집행권을 사용해서 이러한 유형의 탈출을 부추기는 재정적 인센티브를 중단해야 한다.

또 미국을 버리는 기업은 예외 없이 미국 기업으로서 누리는 이점을 더 이상 향유하지 못하게 해야 한다.

미국을 버리는 기업은 예외 없이
미국 기업으로서 누리는 이점을 더 이상
향유하지 못하게 해야 한다

(1) 해당 기업들이 미국 정치 선거에 자금을 기부하지 못하도록 제재를 가해야 한다. 아울러 의회를 상대로 로비 활동을 하지 못하게 금지하고, 정부기관의 규칙 제정 절차에 참여시키지 말아야 한다. 또 국외에서 벌어진 사태를 놓고 외국 기업을 미국 법정에 세우는 권리를 더 이상 허용해서는 안 된다.

(2) 관대한 조건의 정부 계약을 수주할 자격을 주지 말아야 한다. "바이 아메리카(Buy America)"(경기부양책을 실시할 때 예외적인 경우를 제외하고 모든 공공사업에 미국산 제품을 의무적으로 사용해야 한다는 경기부양법안 조항/역주) 조항을 해당 기업들에 적용해야 한다.

(3) 미국 정부는 해당 기업들의 국제 자산을 더 이상 보호해주지 말아야 한다. 그들은 국외에서 공장과 장비를 몰수당하더라도 정부가 나서서 협상하거나 다른 나라 정부를 위협해주리라고 기대하지 말아야 한다. 자사의 지적재산권, 특허권, 상표권, 상품명, 저작권이 침해를 당하더라도 미국 정부가 나설 하등의 이유가 없다.

해당 기업은 더 이상 미국 기업이 아니므로 정부가 대표해주지 않는다.
여기에 작용하는 논리는 단순하다. 세금을 적게 내려고 조국을 버리는 것을 선택할 수는 있다. 하지만 미국 기업이기 때문에 따라오는 혜택은 더 이상 누릴 수 없다.

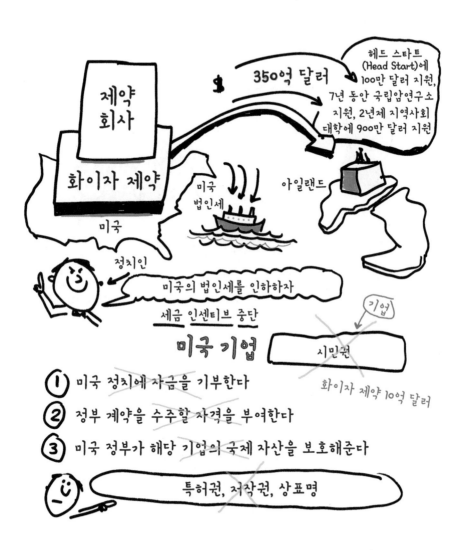

제약 회사

화이자 제약

미국

350억 달러

헤드 스타트 (Head Start)에 100만 달러 지원, 7년 동안 국립암연구소 지원, 2년제 지역사회 대학에 900만 달러 지원

미국 법인세

아일랜드

정치인

미국의 법인세를 인하하자

세금 인센티브 중단

기업

미국 기업

시민권

화이자 제약 10억 달러

① 미국 정치에 자금을 기부한다

② 정부 계약을 수주할 자격을 부여한다

③ 미국 정부가 해당 기업의 국제 자산을 보호해준다

특허권, 저작권, 상표명

힘 : 가진 자와 가지지 못한 자

힘. 오늘날 대부분의 미국인은 힘이 거의 없거나 전혀 없다. 고용인이나 소비자, 심지어는 유권자 자격으로도 힘이 없다. 자신이 일하는 기업, 거래하는 기업과 은행, 참여하는 정치제도를 상당한 부와 특권을 소유한 상대적 소수 집단이 독차지하고 있기 때문이다.

과거에는 이렇지 않았고, 앞으로 이래서는 안 된다. 이제 국민이 힘을 되찾아야 한다.

(1) 근로자의 힘이 쇠퇴하는 추세를 생각해보라. 50년 전 민간부문 근로자의 3분의 1은 노동조합에 가입해 있었고, 그 덕택에 협상력을 발휘하여 전체 경제 이익에서 상당한 몫을 차지할 수 있었다. 하지만 현재 실정은 어떤가? 노동조합에 가입한 근로자는 전체 근로자의 7% 미만이고, 경제적 이익은 대개 상위층에게 돌아간다.

CEO의 소득은 1960년대 일반 근로자의 20배였지만, 지금은 300배이다. 이쯤 되면 소득 불평등이 통제 가능한 수준을 넘어선 것이다. 우리에게는 더욱 강력한 노동조합이 필요하고 근로자에게는 더욱 큰 목소리가 필요하다.

(2) 근로자의 힘이 쇠퇴하는 반면, 기업과 금융계의 힘은 계속 커지고 있다. 100년 전만 해도 공화당원 테디 루스벨트가 스탠더드 오일 트러스트(Standard Oil Trust)를 포함한 거대 독점 조직을 해체했다. 1933년 프랭클린 루스벨트는 글래스-스티걸 법(Glass-Steagall Act)을 제정해서 은행 업무와 투자 업무를 분리했다. 지금은 어떠한가? 규제 완화와 탐욕이 손을 잡으면서 금융 산업은 방종하게 날뛰고 있고, 소수의 거대 은행이 경제 전체의 숨통을 쥐고 있다. 이로써 금융 산업이 "지나치게 커져서 망할 수 없는" 금융위기를 향해서 다시 나아가고 있다.

글래스-스티걸 법을 부활시키고 거대 은행을 해체하는 등 경제를 위

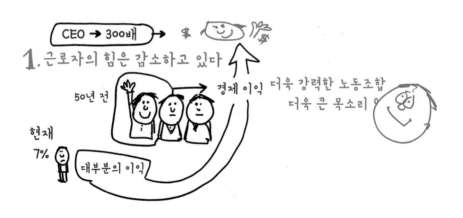

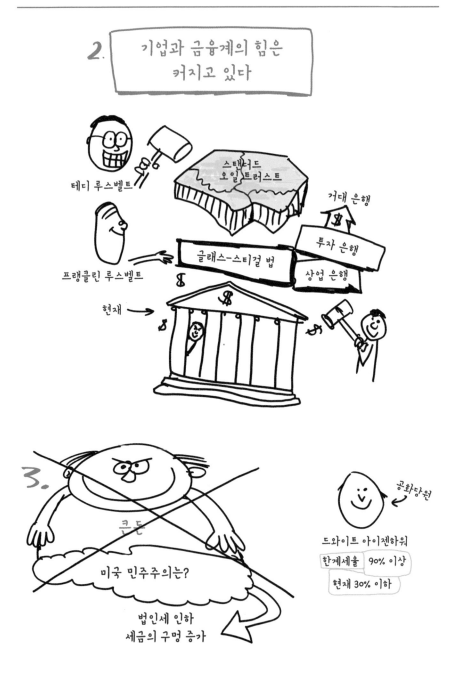

2. 기업과 금융계의 힘은
커지고 있다

테디 루스벨트

스탠더드
오일 트러스트

거대 은행

투자 은행

프랭클린 루스벨트

글래스-스티걸 법

상업 은행

현재 →

3.

쿠든

미국 민주주의는?

법인세 인하
세금의 구멍 증가

공화당원

드와이트 아이젠하워

한계세율 90% 이상

현재 30% 이하

해서, 그리고 국민 모두를 위해서 더욱 강력한 경제 보호 장치를 마련해야 한다.

(3) 큰돈이 민주주의를 장악하고 있다. 금전적인 이해 탓에 법인세가 인하되는 동시에 소득세가 새어나가는 구멍이 커지고 있다. 공화당 소속 대통령 드와이트 아이젠하워가 집권하는 동안 최고 부유층이 내는 한계세율(marginal tax rate, 초과수익에 대해서 세금으로 지불해야 하는 비율/역주)은 90%가 넘었다. 현재 최고세율은 그 절반에도 미치지 않고, 조세 구멍이 무수히 많으므로, 대부분의 부유층이 지불하는 한계세율은 30%를 훨씬 밑돌아 대부분의 중산층 가정보다도 낮다.

무료 공공 고등교육을 포함해서 국민을 위한 정책을 실행하려면 부유층에게 더욱 높은 세금을 부과해야 한다. 그리고 정치에서 "큰돈(big money)"을 축출해야 한다.

158개 가문이 선거에 쏟아붓는 투자

「뉴욕 타임스(*The New York Times*)」가 조사한 결과에 따르면, 2015년 10월까지 민주당 대통령 후보와 공화당 대통령 후보가 받은 전체 기부금의 절반인 1억7,600만 달러는 그들 스스로가 소유하거나 지배하고 있는 기업을 포함해서 불과 158개 가문에서 나왔다.

대체 이 거액의 기부자들은 누구일까? 실제로 미국 인구에서 유색인종, 청년, 여성의 비중이 늘어나고 가구 소득이 쇠퇴하는 와중에도, 이 거액 기부자들은 거의 전적으로 부유한 장년층 백인 남성이다.

보도에 따르면 대부분의 거액 기부자들은 전용 거주 지역에서 살면서 경찰이 아닌 사설 경비원의 보호를 받고, 공공 공원과 수영장이 아닌 사설시설을 이용한다.

대부분 자녀와 손자를 공립학교가 아닌 엘리트 사립학교에 보내고, 대중교통 수단이 아닌 전용 항공기과 전용 리무진을 탄다.

그들은 은퇴 후에 사회보장 연금을 받을 수 있을지, 메디케어 (Medicare, 미국이 시행하고 있는 노인 의료보험제도/역주) 대상이 될 수 있을지 걱정하지 않는다. 이미 막대한 재산을 빼돌렸기 때문이다. 기후 변화도 걱정할 필요가 없다. 허리케인이 덮쳐서 붕괴할 가능성이 있거나 물이 부족하거나, 식량 공급을 위협하는 열악한 주택에 살지 않기 때문이다.

158개 가문이 과연 진정으로 선의를 품거나 공적 책임을 절감해서 정치자금을 기부하는 것인지 의심스럽다. 대개는 다른 종류의 투자를

할 때와 마찬가지로 투자를 하는 것이다.

투자가 성공하려면 자신들이 지지하는 후보가 선출되어야 한다. 그래야 자신들의 세금 부담액이 훨씬 줄어들고, 세금 구멍이 커지고, 건강, 안전, 환경 규제가 완화되어서 훨씬 많은 돈을 벌 수 있기 때문이다. 또한 그렇게 되어야 사회보장, 메디케어, 빈곤층 대상 프로그램에 책정된 예산이 삭감되어 158개 가문을 포함한 상류층과 사회 나머지 계층의 부의 격차가 훨씬 크게 벌어진다.

결국 상류층은 자신들만으로 형성된 별개의 사회에 살면서, 나머지 국민이 아니라 자신들을 대표하는 후보를 선출하고 싶어한다.

미국의 체제가 위기에 빠져 있다는 사실을 밝히는 데에 증거가 얼마나 더 필요한가? 어떻게 해야 소수 상류층이 아니라 국민 모두에게 이로운 방향으로 체제를 가동할 수 있겠는가?

상류층이 돈으로 민주주의를 매수하게 방치해서는 안 된다. 정치에서 큰돈을 몰아내고, 선거자금을 공적으로 지원하고, 선거자금의 출처를 낱낱이 공개해야 한다. **시민연합**(Citizens United) 사건에 대한 대법원의 판결(기업과 노조 등은 선거기간 중 정치자금 기부를 포함해서 "표현의 자유"가 있다는 2010년 판결을 가리킨다/역주)을 뒤집어야 한다.

코크 정당 조직이 민주주의에 위협이 되는 까닭

많은 억만장자들은 미국의 민주주의 정치에 돈을 쏟아부어 나머지 국민의 목소리를 파묻는다. 그들 중에서도 찰스 코크와 데이비드 코크 형제가 단연 두드러진다. 세계 부자 각각 5위와 6위인 코크 형제는 재산을 사용해서 개인의 재정 이익을 보호하고 증가시킬 목적으로 정당 조직을 운영한다.

코크가 만든 정당 조직(koch machine)의 속성을 살펴보자.

(1) 돈의 출처를 감추는 동시에 민주주의 실행 단계에서 실시되는 선거에 수억 달러를 쏟아붓는 정치 전위 집단이다.

(2) 광고 캠페인에 거액을 쏟아붓는다. 그래서 기후 변화는 근거 없는 통념이고, 부담적정보험법은 국민에게 손해를 끼치고, 노동조합은 유해하며, 부유층은 세금 감면을 받을 자격이 있다고 국민을 설득한다.

(3) 코크 형제가 원하는 조사 결과를 도출하기 위한 싱크 탱크 조직망을 후원한다. 예를 들면 최저임금을 폐지하거나 절대 인상하지 말아야 한다는 주장에 관한 연구를 지원하기 위해서 수백만 달러를 지출한다.

(4) 소수자 집단의 투표권을 억압하는 운동을 펼친다. 이는 투표자를 위협한다는 비판을 받을 수 있는 행보로서, 소수자들이 투표하는 지역의 백인 선거 참관인에게 자금을 제공하고, 유권자의 투표권 행사를 더욱 제한하기 위해서 설계한 "유권자 카드 법안"을 주 의회에 상정한다.

(5) 노동조합을 해체하기 위해서 미 전역에 걸쳐서 노력한다. 위스콘신 같은 주에서는 노동조합 반대 운동에 자금을 제공하고, 수십 군데 주에서 활동하며, 근로자의 집단 협상력을 약화하는 반노동조합법을 강제한다.

(6) 선거자금조달법이라는 실타래를 풀기 위해서 장기 전략을 추구한다. 심지어 자신들에게 동조하는 대법원 판사를 포함해서 비밀회의를 조직한다.

코크 형제의 정당 조직은 어떤 환경에서든 문제를 일으키겠지만, 100여 년이 넘는 동안 어느 때보다도 부의 집중 현상이 두드러지는 요즘 특히 위험하다. 게다가 대법원은 거대 자금이 정치에 쏟아져 들어오는 통로를 열어주고 있다.

문제는 코크 형제가 매우 부유한 것도, 그들의 정치적 견해가 매우 역행적인 것도 아니다. 문제는 엄청난 재산을 무기처럼 휘둘러서 민주주의를 훼손하며 나머지 국민에게 자신들의 견해를 강요하는 것이다.

사기꾼과 온갖 속임수

폴 라이언의 7가지 끔찍한 주장

미국 하원의회 의장인 폴 라이언은 공화당의 선거 공약을 이행하는 임무를 맡고 있다. 라이언이 주장하는 7가지 개념을 주의 깊게 살펴보자.

(1) 최고 소득세율을 현재 39%에서 25% 이하로 낮춘다. 끔찍한 생각이다. 1920년대 이후 이미 그 어느 때보다도 미국 전체 소득에서 큰 몫을 차지하고 있는 부유층에게 막대한 횡재를 안길 것이다.

(2) 법인세를 현재 35%에서 25% 이하로 삭감한다. 이것도 빗나간 생각이다. 이미 외국의 조세 피난지로 돈을 빼돌려서 수조 달러를 은닉하고 있는 기업에게 거대한 떡을 쥐어주는 꼴이다.

(3) 푸드 스탬프(food stamp), 빈곤 지역 아동을 위한 교육 등 국내 지원제도를 가동하는 데에 책정된 예산을 삭감한다. 그렇지 않아도 미국 아동의 22%가 빈곤 가정에서 생활하는 현실에서 이러한 삭감 정책을 시행하면 상황이 악화될 뿐이다.

(4) 빈곤층을 대상으로 실시하는 메디케이드(medicaid)와 기타 연방 지원제도를 연방 정부가 주 정부에 지급하는 정액교부금 형태로 전환하고, 주 정부가 분배 방식을 결정하게 한다. 달리 표현하면 공화당 주 의회와 주지사들에게 마음대로 사용할 수 있는 비자금을 쥐어주는 셈이다.

라이언의 생각은 잘못되었다

라이언의 7가지 끔찍한 주장

① 부자의 배를 더 불려주자
  세금을 깎아준다

② 기업의 배를 더 불려주자
  세금을 깎아준다

③ 빈곤층 자녀를 위한 예산을 삭감하자

22%가 빈곤한 환경에서 생활한다

조세 피난지

④ 공화당 주 정부에 비자금을 쥐어주자

⑤ 메디케어 예산을 삭감하자

비자금

⑥ 사회보장제도를 더욱 퇴행시키자

⑦ 최저임금을 무너뜨리자

가난한 사람들은 오래 살지 못한다

(5) 메디케어를 의료비 인상을 따라잡지 못하는 이용권(voucher) 제도로 전환한다. 실질적으로 노인 대상 의료보험제도인 메디케어를 철폐하려는 의도이다. 이 또한 끔찍한 생각이다.

(6) 증가하는 사회보장제도 실시 비용을 상쇄하기 위해서 연금 수령 연령을 높인다. 틀린 생각이다. 빈곤층의 수명은 부유층의 수명을 거의 따라갈 수 없으므로 사회보장제도를 훨씬 퇴행시킬 것이다.

(7) 인플레이션이 조금씩 잠식해가는 대로 최저임금을 계속 감소하게 내버려둔다. 이것도 빗나간 생각이다. 저임금 근로자에게는 최저임금을 인상해주어야 한다.

라이언의 생각은 그냥 잘못된 것이 아니라 일곱 배나 잘못되었다.

"노동권"은 근로자에게 부당하다

2017년까지 미국의 16개 주 의회가 소위 "노동권(right-to-work)"법을 도입했다. 실제로 이 법은 근로자 대부분의 임금을 낮추고 혜택을 줄이는 결과를 낳으므로 "소수를 위한 노동권"법이라고 불러야 한다.

법의 취지가 노동조합을 파괴하고 일반 근로자의 협상력을 약화하는 것이기 때문이다.

노동권법이 어떻게 작용하는지 살펴보자. 1935년에 전국노동관계법 (National Labor Relations Act)이 발효되면서 근로자 과반수는 자신을

고용한 기업의 노동조합에 찬성투표를 하는 방식으로 노동조합을 결성하고, 임금 인상과 근로조건 개선을 목적으로 경영진과 협상할 권리를 인정받았다.

해당 기업에서 근무하는 근로자 전원이 노동조합에 가입하므로 조합은 협상력을 행사할 수 있다. "노동조합"의 원래 뜻 자체가 그렇다.

노동조합은 경영진을 성실하게 참여시키면서 협상을 계속 끌고 나가기 위해서 자금을 확보해야 한다. 협상한 결과로서 혜택을 받는 직원 전체가 자기 몫만큼의 비용을 부담해야 한다는 뜻이다.

그러나 소위 "노동권"법은 근로자가 조합비를 내지 않고도 조합원에게 돌아가는 혜택을 받을 수 있도록 허용한다. 노동조합이 고용주를 계속 압박하는 데에 필요한 자금을 충당할 수 없다는 뜻이다.

기업의 후원을 받는 미국 입법교류위원회(American Legislative Exchange Council, 이하 ALEC)와 미국 상공회의소는 노동권법의 제정을 밀어붙이고 있다. 그러면서 노동조합에 가입하고 싶어하지 않는 근로자에게 조합비를 부과하는 것은 불공정하다고 주장한다.

그들은 대체 누구를 속이려는 것일까? ALEC와 상공회의소는 근로자가 아니라 기업을 대표한다. 이 기관을 후원하는 기업들은 임금 인상, 근무시간 개선, 근로조건 향상을 달성하기 위한 협상을 할 수 있을 정도의 힘이 근로자에게 돌아가는 것을 원하지 않는다.

따라서 "노동권"법을 시행하는 주의 근로자들은 그렇지 않은 주의 근로자보다 임금도 혜택도 적다.

ALEC와 상공회의소는 노동권법을 채택한 주들이 더 많은 기업을 유치한다고 주장한다. 하지만 그들이 끌어들이는 기업은 실제로 저임금 노동력을 찾고 있을 뿐만 아니라 직원에게 투자하지 않고, 연구와 개

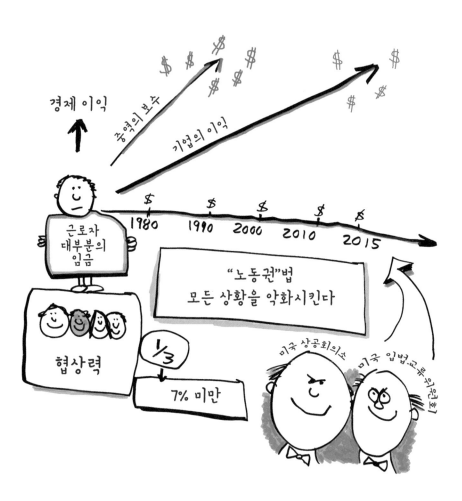

발 과제를 수행하지 않으며, 부가가치를 추구하지 않으면서, 기회가 닿는 대로 훨씬 더 값싼 노동력을 찾아 즉시 해외로 나갈 가능성이 크다.

미국에서 기업이 거두는 이익은 급증하고, 고위 중역의 보수는 치솟고 있으며, 거의 모든 경제 이익은 상위 1%에게 돌아가는 데에 반해서, 불행하게도 근로자의 임금은 30년 넘게 진창에 빠져 있다. 소위 "노동권"법은 이러한 불행한 상황을 훨씬 악화시키고 있다.

그렇다면 일반 근로자가 전체 경제 이익에서 공정한 몫을 차지할 수 있는 유일한 길은 무엇일까? 50년 전 민영부문에 종사하는 전체 미국인 근로자의 3분의 1이 노동조합에 가입했을 때처럼 더욱 큰 협상력을 확보하는 것이다. 현재 근로자의 노동조합 가입률은 7% 미만으로 저조하다. 일반 근로자의 협상력을 감소시키지 말고 증가시켜야 한다.

따라서 ALEC와 상공회의소의 주장에 속지 말아야 한다. 두 조직은 근로자의 임금을 삭감해서 대주주와 고위 중역이 훨씬 많은 돈을 긁어갈 수 있기를 바란다. 그런 사태가 발생하도록 내버려두어서는 안 된다. 그러므로 힘을 합하여 "노동권"법에 대항해서 싸우자.

유권자 억압

마틴 루터 킹 주니어가 "내게는 꿈이 있습니다(I Have a Dream)"라고 연설했던 역사적인 워싱턴 평화 대행진과 같은 눈부신 성취에 힘입어 1965년 투표권법(Voting Rights Act)이 한 시대의 획을 그으며 발효되었다. 이 연방법은 역사적으로 인종차별주의자들이 흑인의 투표 행위를 차단해왔다는 사실을 인식하고 시민에게 투표를 허용하는 연방 지침을 따르도록 많은 남부 지역의 주에 강제했다.

그러나 2013년 대법원은 투표권법을 형성하는 많은 조항을 실질적으로 폐지했다. 그 결과 주 정부들은 더욱 많은 사람, 특히 아프리카계 미국인과 아마도 민주당 유권자의 투표 행위를 차단하는 새로운 방법들을 찾아내고 있다. 일부 주는 부정선거가 발생한다는 증거가 없는 데에도 투표를 하기 위해서는 운전면허증처럼 정부가 발행한 사진이 있는 신분증을 소지해야 하다고 요구한다.

이러한 요구가 특히 유색인종, 젊은층, 저소득층의 투표 행위를 제한한다는 사실을 입증하는 증거들이 많다. 예를 들면 앨라배마 주는 사진이 있는 신분증을 투표 요건으로 내걸면서, 흑인 유권자의 비중이 높은 지역의 운전면허 사무실을 폐쇄했다. 다른 주들은 사전 투표 기회를 줄이고 있다.

남부 지역의 주 이외에도 일부 주는 유색인종과 민주당의 정치적 힘을 축소시켜서 의회에서 공화당의 지배권을 확보할 목적으로 선거구를 개편한다.

그들이 사용하는 방법 한 가지를 살펴보자.

다음에 검은 점 16개와 흰색 네모 12개가 있다.

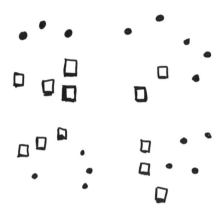

개편하지 않으면 선거구는 다음과 같을 것이고, 이 경우 4개의 선거구 중 3개에서 검은 점이 과반수를 차지한다.

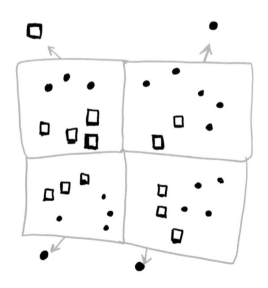

그러나 상대편 지지자들을 특정 선거구에 집중시켜서 자기 당이 유리한 방향으로 선거구를 개편하면, 4개의 선거구 중 3개에서 흰색 네모가 과반수를 차지하게 된다.

　　따라서 국민의 투표권을 보장하려면 다음 단계를 밟아야 한다. 즉 투표권법을 새로 제정해서 보수 행동주의자들이 대법원에서 실질적으로 폐지한 법을 부활시키고, 최소한의 국가 기준을 세우고, 운전면허증을 취득할 때에 미리 유권자 등록을 마치게 해야 한다. 또 사전 투표 기간을 2주일 이상 보장하고, 선거구 결정권을 정치인의 손에서 박탈해서 독립위원회에 귀속시켜야 한다.

　　투표권은 매우 중요한 권리이므로 파벌정치를 위해서 희생시키지 말아야 한다.

　　어느 누구의 투표권도 박탈당하게 허용해서는 안 된다.

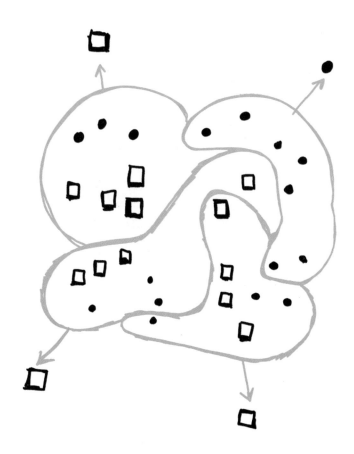

공화당의 세금 사기

당신의 지갑이 털리지 않도록 조심하라. 공화당이 결국 대다수 미국인에게 많은 세금을 물리게 할 새 법인세 계획을 밀어붙이고 있기 때문이다. 그러므로 우선 "국경조정세(border adjustment tax)"에 대해서 알아야 한다.

미국은 매년 약 2조7,000억 달러의 제품을 수입한다. 동남아시아 등의 인건비는 미국보다 훨씬 낮으므로 많은 수입품의 가격은 저렴하다.

현재 미국 세법은 기업이 거두는 이익에 세금을 부과한다. 월마트가 장당 10달러짜리 티셔츠를 베트남에서 수입해서 13달러에 판매한다고 치자. 이 경우 월마트는 이익인 3달러에 대해서만 세금을 낸다.

그러나 공화당의 새 조세 계획이 시행되면 월마트는 수입품의 전체 가격, 즉 티셔츠의 판매가격인 13달러 전부에 대해서 세금을 내야 한다. 월스트리트 분석가들은 이 계획이 시행되면 제품의 소매가격이 15% 인상되리라고 예상하고 있다.

게다가 해당 조세 계획에 따라서 미국에서 상품을 수출하는 기업에 부과하는 세금은 감면해줄 것이다. 이 취지는 생산시설을 미국에 두도록 기업을 장려하기 위해서이다.

그렇더라도 미국 공장에서조차 일자리를 급격하게 몰아내고 있는 자동화의 물결을 거스르지는 못할 것이다.

새 조세 계획에서 가장 고약한 점은 부를 부유층에 재분배하는 요소가 숨겨져 있다는 것이다. 따라서 새 계획을 시행하는 데에 따르는 부

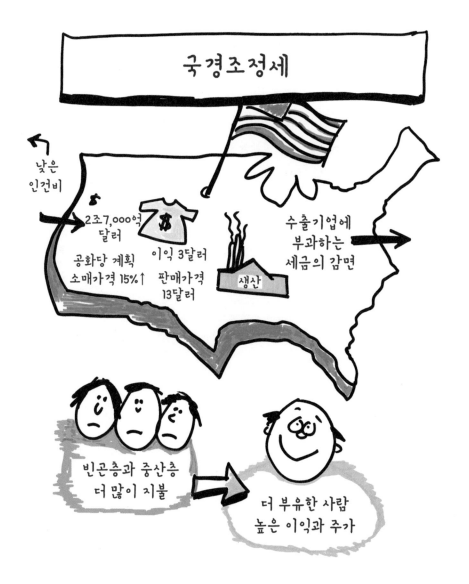

담은 주로 빈곤층과 중산층에게 돌아갈 것이다. 두 계층은 소득의 거의 대부분을 소비하므로 상품의 소매가격이 오르면 그에 따른 경제적 고통을 가장 크게 느끼게 될 것이기 때문이다.

해당 계획이 창출하는 혜택은 수출기업과 주주에게 돌아갈 것이다. 세금 감면을 통한 수익 증가와 주가 상승의 형태로 혜택을 받기 때문이다. 사실 주주는 대개 고소득자이므로 이런 횡재가 필요하지 않다.

공화당은 수입품에 높은 세금을 부과하면 달러 가치가 올라가서 세금 부담이 효과적으로 상쇄된다고 주장한다.

그러나 실제로 그렇게 될지는 누구도 장담할 수 없다.

요점은 이렇다. 현 행정부는 새 세금 계획이 미국의 경쟁력을 증가시키는 방법이라고 포장하고 있다. 하지만 속내를 들여다보면 부를 빈곤층과 중산층에서 부유층으로 재분배하는 공화당의 전형적인 전략일 뿐이다.

긴축 재정 원론:
공화당 재정적자 우선론자의 주장이 틀린 3가지 이유

의회가 연방 정부의 재정적자, 국채, 채무한계 등의 현안을 놓고 다툴 때, 재정적자 우선론자들은 무시무시한 수치들을 휘두르며 목청을 돋운다. 다음에 이러한 사태가 벌어지더라도 속지 마라. 알고 넘어가야 할 기본적인 원칙 3가지가 있다.

(1) 재정적자액과 부채액은 그 자체만으로는 무의미하다. 재정적자와 채무의 규모는 국가 경제에서 차지하는 비중으로 측정되므로

질문 : 재정적자는 나쁜가요?
대답 : 아뇨, 재정적자는 국내총생산(GDP)의
비율로 따질 때에만 의미가 있습니다.

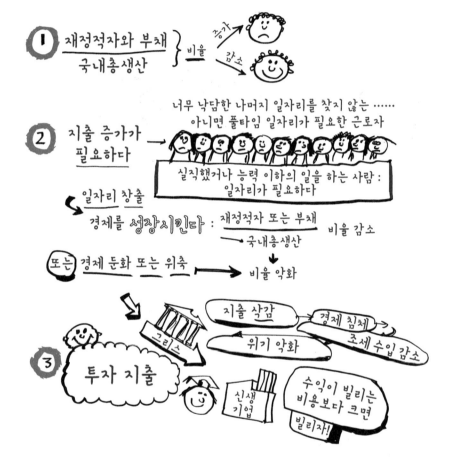

① <u>재정적자와 부채</u> } 비율 증가 / 감소
     <u>국내총생산</u>

② 지출 증가가
     필요하다

너무 낙담한 나머지 일자리를 찾지 않는 ……
아니면 풀타임 일자리가 필요한 근로자

실직했거나 능력 이하의 일을 하는 사람 :
일자리가 필요하다

일자리 창출

경제를 성장시킨다 : <u>재정적자 또는 부채</u> 비율 감소
                        → 국내총생산

또는 경제 둔화 또는 위축 ⟶ 비율 악화

③ 투자 지출

지출 삭감

경제 침체

위기 악화

조세수입 감소

그리스

신생기업

수익이 빌리는
비용보다 크면

빌리자!

비율이 결정적으로 중요하다. 지금까지 몇 년 동안 줄곧 그래왔듯이 국가 경제에서 연간 재정적자액이 차지하는 비율이 계속 떨어지면 채무를 더욱 쉽게 변제할 수 있다.

(2) 지금도 그렇듯이 많은 국민이 실직하거나 자기 능력 이하의 일을 할 때에 국가가 감수해야 하는 재정적자는 늘어난다. 너무 낙담해서 일자리를 찾지 않는 수백만 명의 사람들이 노동인구에서 이탈해 있고, 그 밖에도 파트타임으로 일하는 근로자 수백만 명에게 풀타임으로 일할 수 있는 자리가 필요하다. 여러 해 동안 목격해왔듯이 경제가 침체할 때마다, 경제를 회복시키려고 노력할 때마다 정부 지출을 늘리면, 교사, 소방관, 경찰관, 사회복지사, 도로, 다리 및 공원 건설자 등의 일자리를 창출하는 데에 유용하다. 또 경제가 성장하면서 일자리와 정부 지출은 증가한다.

그러나 의회가 자동예산 삭감제도를 가동해왔듯이, 그리고 많은 유럽 국가가 그래왔듯이, 실업률이 여전히 높은데에도 반대로 지출을 줄이는 정책을 실시하면 경제가 둔화되거나 심지어 위축되어서 재정적자 비율은 더욱 커진다.

그리스가 그랬듯이 긴축 경제는 재앙으로 치닫는 지름길을 열 수 있다. 채무를 걱정한 채권자들과 기관들은 그리스 정부를 압박해서 지출을 줄이게 했다. 그러자 그리스에 거대한 경제 침체가 닥쳤고, 결과적으로 조세 수입이 감소하면서 채무 위기가 전보다 훨씬 더 악화되었다.

(3) 교육과 사회기반시설(infrastructure) 등에 투자하느라 발생한 적자 지출은 다른 형태의 지출과 다르다. 생산성과 미래 경제성장

을 구축하는 투자이기 때문이다. 마치 가정에서 돈을 빌려서 자녀에게 학비나 사업 자금을 대주는 것과 같다. 예상되는 미래 투자 수익이 빌리는 비용보다 크면 투자해야 한다.

이 3가지 원칙을 염두에 두면 재정적자 우선론자들이 공포 분위기를 조성하려고 구사하는 전술에 말려들지 않을 것이다. 그리고 어째서 자동예산 삭감제도를 중단하고, 일자리를 더욱 늘리고, 교육과 사회 기반시설 같은 중요한 공공투자를 줄이지 않고 오히려 늘려야 하는지 납득하게 될 것이다.

공화당이 오바마케어를 중단하려는 진짜 이유

오바마케어(Obamacare)를 "폐기하고 대체하겠다"는 도널드 트럼프와 공화당의 공약에 속지 마라. 폐기할 수는 있겠지만 대체할 수 없고 대체하지도 않을 것이다. 그들은 건강보험 가입자 수를 최소한 유지라도 할 수 있는 대체 계획을 생각해내려고 몇 년 동안 노력해왔지만 허사였다.

그렇다면 공화당은 어째서 오바마케어를 폐기하고 국민 수백만 명을 건강보험의 울타리 밖으로 밀어내려고 할까? 부유층에 막대한 세금 혜택을 안길 수 있기 때문이다.

오바마케어를 폐기하면 첫해에 발생하는 감세 혜택만 따져보더라도 평균 3만3,000달러가 상위 1%인 부유층에, 평균 19만7,000달러가 상위 0.01%인 최상위 부유층에 돌아간다.

평균 소득이 3억 달러 이상인 상위 고소득 납세자 400명은 연평균 약 700만 달러의 세금을 각각 감면받을 것이다.

게다가 트럼프에게 투표한 노동자계급의 유권자 거의 전부를 포함해서 연간 소득이 1만-7만5,000달러인 가정에 부과되는 세금은 늘어날 것이다.

그렇다면 공화당이 오바마케어를 폐기하면 어떤 결과가 생겨날까?

- 3,200만 명이 건강보험을 잃는다.
- 필요한 치료를 받지 못해서 수만 명이 사망한다.

- 메디케어의 재정 상태가 악화된다.
- 부자가 훨씬 더 부유해진다.

오바마케어를 폐기하고 대체하는 것은 정신 나간 계획이다. 따라서 우리는 저항해야 한다.

메디케어에서 손 떼!

　미국 하원의회 의장인 폴 라이언은 부담적정보험법을 폐지하는 동시에 자신이 오랫동안 지지해온 대로 메디케어를 단계적으로 폐지하려고 한다.

　라이언은 메디케어를 없애는 대신에 노인층이 민영보험에 가입할 때 사용할 수 있는 이용권제도를 도입하려고 한다. 공화당이 메디케어를 공격하는 것은 민주당이 정세를 뒤집어서 의회를 탈환할 수 있는 절호의 기회이다. 하지만 민주당이 그 기회를 잡고 행동하려면 그만큼 현명하게 대처해야 한다.

　이제 자신이 세운 전략에 따라서 라이언은 다음과 같은 거짓말로 대중을 설득하려고 할 것이다.

　1. "메디케어는 이미 죽은 것이나 마찬가지다."
　라이언은 "오바마케어(부담적정보험법) 때문에 메디케어가 파산하고 있다"는 등의 주장을 펼치고 있다.
　헛소리이다. 실제로 부담적정보험법은 메디케어 신탁자금의 지급 능력을 10년 이상 연장하고 있다.

　2. "노년층은 걱정하지 마라."
　라이언은 여러 해 동안 변화가 시행되지 않을 것이므로 노년층은 걱정할 필요가 없다고 주장한다.

잠꼬대 같은 소리이다. 자신의 부모와 조부모에게 매우 중요하다고 생각하는 젊은 세대에게 메디케어는 대단히 인기가 높다. 티 파티(Tea Party, 정부의 건전한 재정 운용을 위해서 세금 감시운동을 펼치는 미국의 보수단체/역주) 회원들이 "내 메디케어를 건드리지 마"라고 적힌 플래카드를 들고 부담적정보험법에 반대했던 일을 기억하는가?

3. "이용권제도는 메디케어만큼 좋다."

거짓말이다. 적절한 의료보험에 가입할 경제적 여력이 없는 노년층은 이용권만으로는 이것을 달리 취할 방법이 없다. 이용권은 의료비 인상을 따라가지 못할 것이다.

4. "메디케어를 유지하고 싶은 노년층은 유지할 수 있다."

헛소리도 이런 헛소리가 없다. 라이언이 주장하는 계획은 좀더 건강한 노인들을 꼬드겨서 메디케어에서 탈퇴하게 하고, 건강하지 못하고 의료비를 많이 소비하는 대부분의 노인들만 남긴 후에 결과적으로 메디케어를 적자의 늪에 빠뜨리도록 설계되어 있다.

이것이 라이언이 세운 계획의 핵심 쟁점이고, 진보주의자에게는 승리를 거둘 수 있는 빌미가 될 수 있다. 따라서 대중에게 이 사실을 알려야 한다. 라이언과 공화당에게 "메디케어에서 손 떼!"라고 선언하라.

전쟁 비용

일부 정치인은 이란과 외교하는 정책이 전혀 가치가 없고, 군사력을 사용해야 한다고 주장한다. 하지만 핵무기 확산 방지 전문가, 국가 안보 전문가, 미국 대사, 일류 미국 과학자, 고위 군사 관리 등은 이란과 외교를 해야 한다는 점점 커지는 주장에 목소리를 보태면서 이란과 맺은 협정이 견실하므로 미국의 안보를 더욱 튼튼하게 해주리라고 강조한다.

사실 외교를 펼치지 않으면 대안은 전쟁이다. 하지만 전쟁은 우리가 선택할 수 있는 마지막 방법이어야 한다. 언제든 강력하고 활발한 외교를 우선적으로 펼쳐야 한다. 나는 평화주의자가 아니다. 위험성, 수치, 이익, 대가 등 확실한 자료를 검토한다. 그렇다면 가장 분명하게 나타나는 전쟁의 대가는 무엇일까? 도처에서 군인이 목숨을 잃을 뿐만 아니라 민간인이 사망하거나 불구가 되고, 아이들이 고아로 전락하며, 난민이 발생하고, 분노가 곪는 등 고통스럽고 충격적인 재앙을 겪는 것이다.

전쟁의 대가는 이것뿐이 아니다. 미국은 전쟁에 참여하고 자국 군사력을 팽창시키는 비용을 치르느라 정작 자국민에게 돌아가야 할 혜택을 빼앗는다.

2017년 미국의 국방비 지출은 대통령이 요청하고 의회가 승인하는 전체 연방 재량 지출의 절반 이상을 차지했다. 세계 국방비 지출 상위 8개국 중에서 미국의 국방 예산은 나머지 7개국의 예산을 모두 합한 금액보다 많다.

그러나 국내가 강하지 못하면 강한 국가가 될 수 없다. 아동 5명 중 거의 1명이 빈곤층이고, 학교가 황폐하고, 도로와 다리가 허물어지고, 상하수도 시스템이 낡고, 여전히 수백만 국민이 의료 서비스를 받지 못한다면 강한 나라가 될 수 없다.

노벨 경제학상 수상자인 조지프 스티글리츠의 추산에 따르면, 정부의 직접 지출, 상이용사의 진단, 치료, 보상에 따른 비용, 전쟁이 미국 경제와 국가 채무에 미친 광범위한 영향 등을 포함해서 미국이 이라크 전쟁에 쓴 비용은 3조 달러에 이른다. 이란과 전쟁을 벌여서 오직 이라크 전쟁에서 소비한 비용(확장비용이 아니라 최소비용이라는 사실을 명심해야 한다)만큼만 쓰더라도 미국이 국내에 투자할 여유는 사라질 것이다. 그래서는 미국을 결코 재건할 수 없다.

끝으로 전쟁이 성공하리라고 절대 보장할 수 없다. 미국은 중동에서 12년 이상 전쟁을 벌였으므로, 이제 끝을 전망할 수 없는 전쟁 기간에만 성장한 세대가 곧 등장할 것이다.

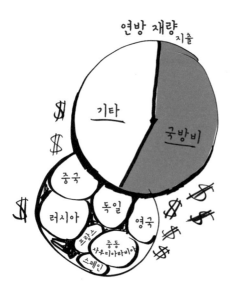

세계 국방비 지출 상위 8개국 가운데
미국의 국방 예산은 나머지 7개국의 예산을
모두 합한 금액보다 많다

이란과 외교하는 방안을 선택할 수 있다면, 자녀 세대와 세계 평화를 위해서 우리는 그 방안을 선택해야 한다.

기후와 불평등

기후 변화와 불평등의 확산은 별개가 아니라 긴밀하게 연결되어 있는 문제이다. 그리고 공통적으로 최소한 한 가지의 해결 방법은 있다.

세계 곳곳에서 기후 변화의 위험성을 감내하고 있는 사람들은 범람 가능성이 점차 증가하는 지역에 거주하는 노동자 계층과 빈곤층이다. 그들은 빈번한 가뭄에 항상 노출되어 있는 농경지에 생계를 의존한다. 낡은 상하수도관, 험한 날씨로 인해서 부서지고 있는 낡은 도로와 전력망에 의존한다. 격렬한 허리케인과 사나운 폭풍우에 특히 취약한 건물에서 생활한다. 기후 변화에 수반하는 여러 가지 질병들, 공기 매개 오염 물질, 전염병에 건강을 위협받는다.

그렇다면 우리는 무엇을 해야 할까?

기후를 되돌리려고 하면 일자리, 특히 기후 변화 때문에 가장 무거운 짐을 지고 있는 빈곤층과 노동자 계층의 일자리가 줄어든다고들 말한다.

이 주장은 진실이 아니다. 기존의 화석연료 산업이 쇠퇴하면서 일자리가 줄어들고 있지만, 바람, 태양광, 물을 사용해서 동력을 만들어내는 녹색 에너지 산업은 빠르게 성장하고 있기 때문이다. 태양광과 바람으로 전기를 생산하는 산업이 창출한 일자리는 석탄, 원유, 가스로 전기를 생산하는 산업보다 이미 3배 이상 많아졌다. "풍력발전 기술자"는 미국에서 가장 빠르게 늘어나고 있는 직업이다.

재생 가능한 자원으로 눈을 돌려야 하는 것은 피할 수 없는 현상인데, 부분적으로는 태양 에너지의 소위 "아름다운 계산법(beautiful math)"

때문이다. 전 세계적으로 태양 에너지가 2배로 증가할 때마다 태양 전지판의 가격은 26% 떨어진다. 결과적으로 1976년 이후 태양 전지 모듈 가격은 99% 감소했고, 2008년 이후만 따져보더라도 80%나 감소했다.

도널드 트럼프와 그의 조력자들은 녹색 에너지가 도입되는 것을 두려워한다. 녹색 에너지는 말 그대로든 비유로든 국민과 공동체의 손에 권력을 쥐어주기 때문이다. 그들이 과학과 건강 증진책을 공격하는 것은 원유, 가스, 석탄 거물들에게 수십억 달러에 이르는 부당 이익과 기업 혜택을 안기고, 이미 일어나고 있는 변화의 속도와 절박성을 훼손하려는 노력일 뿐이다.

기후 변화와 불평등을 역전시키는 것은 우리 모두에게 이득이 된다.

이민에 관한 사실들

도널드 트럼프는 이민에 관해서 거짓말을 쏟아내기 시작했다. 무엇이 신화이고 사실인지 살펴보자.

신화 : 이민자는 미국인의 일자리를 빼앗는다.

틀린 말이다. 이민자는 전반적인 경제 수요를 증가시키므로 결과적으로 더욱 많은 일자리를 창출하도록 기업을 압박하는 역할을 한다.

신화 : 이민자는 더 이상 필요 없다.

헛소리이다. 미국 인구는 고령화되고 있다. 25년 전에는 미국 퇴직자 1명당 근로자 수가 5명이었지만, 지금은 3명에 불과하다. 이민을 더 이상 받아들이지 않으면 그 비율은 15년 안에 2명으로 떨어질 것이고 이는 퇴직 인구를 부양하기에 턱없이 부족하다.

신화 : 이민자는 공공 예산을 고갈시킨다.

엉터리 같은 소리이다. 이민자들은 세금을 낸다! 과세 및 경제 정책 연구소(Institute on Taxation and Economic Policy)가 2015년에 발표한 보고서에 따르면 2012년 불법체류 이민자들은 국세와 지방세를 합해서 118억 달러를 납부했고, 포괄적 이민 개혁안이 시행되면 22억 달러를 추가로 낼 것이다.

신화 : 합법 이민과 불법 이민 모두 증가하고 있다.

역시 틀린 말이다. 순수 불법 이민의 증가율은 0% 미만이다. 퓨 연구소(Pew Research Center)가 제시한 자료에 따르면, 미국에 거주하는 불법체류 이민자 수는 2007년 1,220만 명에서 현재 1,130만 명으로 감소 추세에 있다.

중산층과 빈곤층이 겪는 경제 문제의 책임을 합법으로든 불법으로든 새로 유입되는 이민자에게 뒤집어씌우고 싶어하는 선동자들의 주장을 귀담아서 듣지 마라. 진짜 문제는 경제 게임이 상위 소수, 즉 게임을 좌우하는 사람에게 유리한 방향으로 조작되는 것이다.

포괄적인 개혁안을 통과시키고 불법체류 이민자에게 시민권을 획득할 수 있는 길을 열어주어야 한다. 불법체류 이민자를 포함해서 이민자를 희생양으로 삼는 것은 수치스러운 행동이다.

게다가 순전히 옳지 않은 처사이기도 하다.

올해의 단어 : 외국인 혐오증

딕셔너리닷컴(Dictionary.com)은 해마다 한 해의 경향을 상징하는 동시에 특히 의미가 있는 단어를 찾아서 올해의 단어로 선정한다.

2016년을 대표하는 단어로 "외국인 혐오증(Xenophobia)"이 선정되었다. 외국인 혐오증은 다른 문화 출신의 사람이나 이방인을 부당하게 두려워하거나 증오한다는 뜻이다.

외국인 혐오증은 세계화 증가에 대한 반응으로 볼 수 있고, 전 세계적으로 증가 추세에 있다. 시리아의 난민 사태, 남아프리카 공화국의 소요 사태, 영국의 유럽연합 탈퇴를 보라. 외국인 혐오증은 다른 장소, 문화, 인종, 신념을 소유한 사람들로 형성되어, 지금까지 세계의 "용해 도가니(melting pot)"였던 미국에도 침투하고 있다.

미국의 국가 기념비와 심지어 화폐에는 "여럿이 모여 하나"를 뜻하는 "에 플루리부스 우눔(E Pluribus Unum)"이라는 문구가 새겨져 있다. 그동안 미국이 외국인을 자국인으로 동화시키는 일은 결코 쉽지도 완벽하지도 않았다. 백인 유럽 정착민은 미국 원주민과 싸워서 땅을 빼앗고 그들을 학살했다. 일부 미국인은 작당해서 아프리카 대륙에서 흑인을 납치한 후에 강제로 노예로 삼았다.

19세기 미국 서부에서 일했던 중국인 노동자들은 차별당하고 내쫓겼다. 이탈리아, 아일랜드, 폴란드에서 밀려온 이민자들은 초기에 적대적인 대우를 받았다.

미국의 여류시인 엠마 라자러스가 남긴 유명한 말 "그대의 지치고,

가난하고, 자유롭게 숨쉬기를 갈망하는 무리들을 나에게 보내다오"를 자유의 여신상에 새긴 미국은 이민자를 환영한다고 세상을 향해서 말하고 있지만 늘 그렇게 행동한 것은 아니었다.

그러나 미국은 이민자에게 적어도 관용과 평등한 기회를 베풀려고 노력해왔다. 이민자의 선거권과 시민권을 법으로 보장하고, 인종, 민족, 국적을 근거로 하는 차별을 금지했다.

그러나 최근 들어서 임금이 제자리에 머물고 경제 요인 때문에 많은 미국인이 두려움을 느끼기 시작하자, 일부 정치인은 이러한 두려움을 외국인 혐오증, 특히 아프리카계 미국인, 멕시코인, 이슬람 교도를 향한 두려움으로 바꾸었다.

이렇게 타인을 희생양으로 삼는 것은 세계 역사에서 낯설지 않은 현상이지만 위험하다. 국민을 분열시키고, 고통과 집단 따돌림을 불러들이기 때문이다. 또 국민을 관용과 공감의 태도에서 끌어내기 위해서 경멸과 증오를 품게 한다.

딕셔너리닷컴이 올해의 단어로 선정한 것은 옳지만 외국인 혐오증은 미국이 직면한 최대 위협의 하나이기도 하다.

외국인 혐오증은 기려야 하는 것이 아니라 대항해서 싸워야 하는 감정이다.

해결책

애국의 5대 원칙

　독립기념일인 7월 4일 무렵이면 특히 애국심을 많이 들먹이지만, 다음의 5가지 기본 원칙을 항상 마음에 새겨야 한다.

　첫째, 진정한 애국심의 표현은 단순히 국기를 흔드는 행위가 아니다. 미국의 국경을 지키고 장벽을 쌓아서 다른 나라 국민들이 들어오지 못하게 막는 것도 아니다. 국민 모두 힘을 모아 공동선을 추구하는 것이다.

　둘째, 애국심은 값싸게 얻을 수 없다. 미국을 전진시키는 짐을 자기 몫만큼 공평하게 짊어져야 하고, 세금 구멍을 찾거나 돈을 해외로 빼돌려서 은닉하지 말고 세금을 제대로 기꺼이 납부해야 한다. 애국자는 그저 투표하는 정도에 그치지 않고 조국을 발전시키기 위하여 자진해서 시간과 에너지를 들여서 정치에 적극 참여해야 한다.

　셋째, 애국심은 민주주의를 보존하고 강화하고 보호하는 태도이다. 민주주의를 막대한 돈으로 범람시켜서도 안 되고, 정치가를 매수해서도 안 된다. 소수가 아니라 더욱 많은 미국인의 목소리를 틀림없이 반영하는 정책을 펼치고 국민의 투표권을 지켜야 한다.

　넷째, 진정한 애국자는 정부를 증오하지 않는다. 오히려 조국을

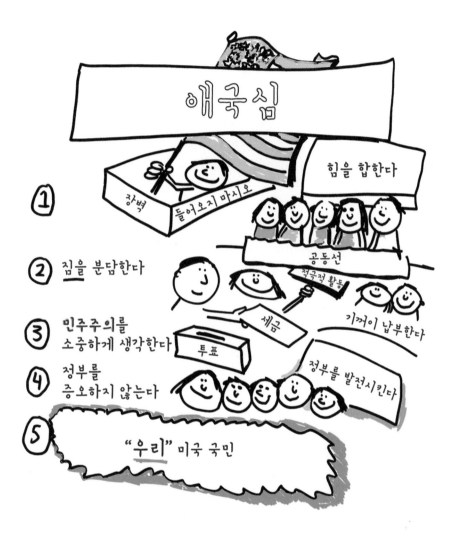

① 장벽 들어오지 마시오 / 힘을 합한다

② 짐을 <u>분</u>담한다 / 공동선 / 적극적 활동 / 기꺼이 납부한다

③ 민주주의를 소중하게 생각한다 / 세금 / 투표

④ 정부를 증오하지 않는다 / 정부를 발전시킨다

⑤ "<u>우리</u>" 미국 국민

자랑스러워한다. 힘을 합해서 문제를 해결할 수 있도록 국민을 돕는 도구가 정부라고 생각한다. 정부가 하는 모든 활동에 찬성하지 않을 수는 있지만, 특정 이해집단이 지나치게 많은 힘을 획득하면 국민은 당연히 우려한다. 하지만 진정한 애국자는 정부를 파괴하지 않고 발전시키려고 노력한다.

끝으로 진정한 애국자는 불화를 조장하지 않는다. 인종차별주의자를 부추기지도 않고, 종교나 민족을 근거로 분열을 부채질하지도 않는다. 동성애자를 혐오하지 않고, 다른 성(性)이나 인종을 차별하지도 않는다. "우리 미국 국민(We the people of the United States)"에 나오는 "우리"를 자랑스럽게 생각한다.

최저임금을 시간당 15달러로 인상하라

 최저임금을 앞으로 3년에 걸쳐서 시간당 15달러까지 점차 인상해야 한다. 그래야 하는 이유를 7가지로 정리해보자.

 (1) 1968년의 최저임금에 인플레이션을 반영하면 지금쯤 시간당 10.10달러를 훨씬 넘어섰을 것이다. 하지만 오늘날 일반 근로자의 생산성은 1968년 근로자의 2배 이상이다. 인플레이션과 생산성에 따른 이익을 반영하면 최저임금은 적어도 시간당 15달러 이상이어야 한다.

 (2) 시간당 10.10달러는 전체 근로자와 그들의 가족을 빈곤에서 끌어내기에 충분하지 않다. 풀타임 일자리를 원하지만 파트타임 일자리만 구할 수 있는 저임금 근로자 수백만 명에게는 특히 그렇다. 저임금 근로자는 대개 10대가 아니라 집안의 생계를 책임지는 가장이다.

 (3) 일부 고용인은 가난에서 벗어날 수 있을 정도의 임금을 직원에게 지급하지 않는다. 따라서 그들의 직원에게 지급하는 메디케이드, 푸드 스탬프, 주택, 기타 지원은 나머지 국민이 납부한 세금으로 충당한다. 정부가 세금으로 저임금 지불 기업을 지원하기 때문이다. 실제로 맥도널드를 포함해서 일부 기업은 자사가 지불하는 임금이 지나치게 적으므로 공공 프로그램을 사용하라고 직원들에게 조언한다.

(4) 최저임금을 시간당 15달러로 인상하면 일부 일자리가 사라질 수 있지만 빈곤에서 헤어나오는 근로자의 수는 늘어난다. 게다가 저임금 근로자는 소비할 돈이 많아지고, 결과적으로 소비가 촉진되면서 더욱 많은 일자리를 만들어낼 것이다.

(5) 임금 인상분은 더 높은 가격의 형태로 국민에게 전가되지 않고 수익에서 산출될 가능성이 크다. 저임금 근로자의 고용주들은 대부분 고객을 확보하려고 격렬하게 경쟁하기 때문이다.

(6) 의심할 여지없이 공화당은 최저임금을 인상하지 말아야 한다거나, 아니면 시간당 7.25달러에서 예를 들면 8달러 정도로 인상하자고 주장할 것이다. 따라서 옳은 생각을 명쾌하게 주장하는 것이 2배로 중요하다. 민주당은 최저임금을 소폭으로 인상하자는 공화당의 요구에 귀 기울이지 말고, 대폭으로 인상하는 방안을 밀어붙여야 한다.

(7) 역사적으로 옳은 일이다. 미국 역사에서 전체 경제 이익의 95%를 상위 1%에 몰아주는 시기에 최저임금을 시간당 15달러로 인상하는 것은 단순히 현명한 경제 정책일 뿐만 아니라 옳은 일이다.

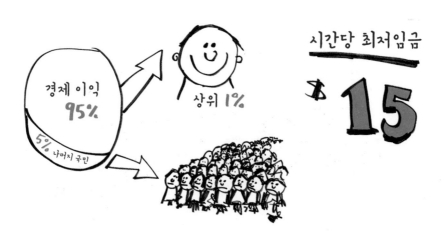

세금 실험에서 진보주의 주가 성공한 이유

여러 해 동안 보수주의자들은 건전한 기업 친화적 경제는 낮은 세금과 임금, 적은 규제에 기반을 둔다고 주장해왔다. 이 주장은 옳을까?

우리는 해답을 찾기 위한 실험을 미국에서 진행해왔다.

실험 대상 주(州)를 전체 범위로 볼 때, 한쪽 극단에 서 있는 주는 캔자스와 텍사스로, 미국에서 세금과 임금이 가장 낮고 규제는 최소로 한다.

다른 극단에 서 있는 주는 캘리포니아로, 미국에서 세금, 특히 부유층에 부과하는 세금이 가장 높고, 규제, 특히 환경 규제가 많으며 임금이 높다.

그러므로 보수주의자들의 논리대로라면 캔자스와 텍사스의 경제는 폭발적으로 발전해야 하고, 캘리포니아의 경제는 구렁텅이에 빠져 있어야 한다.

그러나 실상은 정반대이다. 여러 해 동안 캔자스의 경제성장률은 국내 최저 수준이었고, 2015년에는 축소되었다.

텍사스도 전혀 더 낫지 않다. 텍사스의 일자리 증가율은 국내 평균 이하이고, 게다가 소매 영업직의 증가율은 한참 뒤떨어져 있다. 수출액도 감소 추세이다.

그렇다면 세금, 규제, 임금이 소위 과도하게 많은 캘리포니아의 사정은 어떨까? 캘리포니아의 경제성장률은 전국 평균의 2배가 넘어서 국내 선두이다. 한마디로 보수주의자들은 정확하게 반대로 주장하고 있다.

캔자스와 텍사스의 경제 상황이 그토록 좋지 않은 이유는 무엇일까? 반면에 캘리포니아의 경제 상황이 그토록 좋은 이유는 무엇일까?

세금을 거두어서 시민에게 투자할 수 있기 때문이다. 이때 투자 분야는 교육과 기술 훈련, 현대식 사회기반시설, 세계적으로 신산업을 불러일으키고 재능 있는 혁신가와 투자자를 끌어들이는 좋은 연구 대학교 등이다.

캘리포니아가 첨단기술, 연예, 벤처캐피털의 세계 중심지인 까닭도 이 때문이다.

캔자스와 텍사스는 캘리포니아와 같은 정도로 투자한 적이 없다.

또한 캘리포니아는 기회를 잡으려고 찾아오는 많은 사람들을 포함해서 다양한 인구에게 서비스를 제공한다.

게다가 규제를 실시해서 공중 보건과 아름다운 자연경관을 보호할 뿐만 아니라, 다른 주에 정착할 수도 있는 유능한 인재를 포함하여 사람들을 자기 주로 끌어들인다.

캘리포니아 근로자들은 높은 임금을 받는다. 경제성장 속도가 매우 빠른 덕택에 고용주들이 더욱 많은 임금을 지불해야 하기 때문이다.

이러한 현상은 나쁘지 않다. 어쨌거나 목표는 경제성장이 아니라 높은 생활수준이기 때문이다.

공정하게 말하면, 텍사스가 앓고 있는 문제는 원유 산업의 파산과 연결되어 있다. 하지만 텍사스는 경제 다각화에 실패했으므로 변명의 여지가 없고, 게다가 적절한 투자도 실천하지 않고 있다.

물론 캘리포니아는 결코 완벽하지 않다. 주택이 부족해서 집세와 주택 가격이 천정부지로 치솟고 있으며, 도로는 교통정체로 몸살을 앓는 등 해결해야 할 문제들이 산적해 있다.

그러나 전반적으로 차이는 분명하다. 경제의 성공 여부를 결정하는 요인은 세수입을 거두어서 하는 공적 투자와, 환경과 공중 보건을 보호하는 규제 마련에 달려 있다. 진정한 의미로 경제를 성장시키면 임금이 많아진다.

따라서 다음에 보수주의자들이 "낮은 세금과 임금, 적은 규제가 기업 친화적 경제의 성공 열쇠"라고 주장하는 소리를 들으면 캔자스, 텍사스, 캘리포니아 주의 사례를 떠올려보라.

보수주의자들의 처방은 틀렸다.

공유 경제가 근로자에게 손해를 안기는 까닭과 대책

소위 "공유 경제(sharing economy)"가 폭발적으로 증가하고 있다. 공유 경제에 영향을 받는 직업군으로는 독립 계약자, 자유 계약자, 임시직 근로자, 자영업자 등을 들 수 있다. 그들은 대부분 W-2 양식이 아니라 1099 양식을 사용해서 세금을 신고한다. 5년 안에 미국 노동인구의 40% 이상이 이처럼 불확실한 직업에 종사하리라고 추정되고, 10년 후에는 대부분의 노동인구로 확대될 것이다.

이러한 변화는 모든 위험을 근로자에게 전가한다. 그들은 수요 감소, 소비자 필요의 갑작스러운 변화, 개인적인 부상이나 질병이 발생하는 경우 고지서 대금을 지불할 수 없다.

그러면 최저임금, 근로자 안전, 육아휴직과 병가, 초과근무 수당과 같은 노동보호 혜택이 사라진다. 고용주가 재정을 지원하는 보험, 사회보장 연금, 근로자 보상, 실업 혜택, 고용주 제공 건강보험 등도 끝이 난다.

여론조사에 따르면 미국인 근로자의 거의 4분의 1은 미래에 자기 소득으로 생계를 유지할 수 없을까봐 걱정한다. 10년 전만 해도 그 비율은 15%였다.

이런 불확실한 근로조건은 가정에도 고통을 안길 수 있다. 새로 실시한 연구에 따르면, 근로시간이 불규칙하거나 일반적인 낮 근무 이외의 시간에 일하는 부모의 자녀들은 인지 기술이 저하되고 행동 문제가 증가한다.

그렇다면 대책은 무엇일까? 법정만 보더라도 기업이 직원을 독립 계약자로 잘못 분류했는지 판단해달라는 소송으로 넘쳐나고 기준과 정의가 난무한다.

우리는 단순한 원칙을 적용해야 한다. 누구든 직원 소득의 절반 이상을 지불하거나 근로시간의 절반 이상을 사용하는 사람이, 직원에게 마땅히 돌아가야 하는 노동보호 조건과 보험을 책임져야 한다.

게다가 근로자의 생활에 확실성을 회복해주려면 실업 보험에서 벗어나 **소득** 보험을 시행해야 한다. 예를 들면 근로자의 월 소득이 이전 5년 동안 종사했던 모든 직장에서 받은 평균 월 소득보다 50% 이상 떨어졌다고 치자. 소득 보험에 가입하면 소득 차이의 절반을 1년 동안 자동적으로 보전받는다.

유연한 경제 정책을 실시하면 근로자들에게 최소한의 품위와 미래를 보장해줄 수 있다.

학자금 대출 문제를 해결하는 4단계

주위에 학자금 대출을 안고 있는 사람이 있는가? 아니면 당신이 거액의 학자금 대출을 안고 있는가? 현재 미국에서 학자금 대출 규모는 1조3,000억 달러이고, 대학교 학비가 인플레이션보다 빠른 속도로 증가하면서 그 규모는 더욱 늘어나고 있다. 대부분의 학생이 고등교육을 받는 공립대학에 책정되는 예산을 주 정부가 삭감하고 있기 때문에, 학자금 대출액은 대개 학생과 학생 가정의 소득보다 빠르게 증가한다.

학자금 대출 위기에 대처하는 4단계는 이렇다.

(1) 졸업생이 자신의 학자금 대출을 사업체와 일부 주택소유주에게 현재 제공하는 것과 같은 낮은 금리의 대출로 갈아탈 수 있게 한다.

(2) 졸업생, 특히 학자금 대출로 무거운 짐을 지고 있는 졸업생이 파산법으로 보호받아서 좀 더 낮은 금리의 대출로 갈아탈 수 있게 한다. 도널드 트럼프가 자신의 개인 소유 사업체가 파산할 때마다 파산 절차를 활용해서 재산을 보호할 수 있다면, 부담이 되는 학자금 대출도 파산법의 적용을 받아야 한다.

(3) 연방 정부의 학자금 대출 상환금을 졸업생의 소득과 연결시키고, 상환 기간을 10년이 아니라 20년 이상으로 늘린다. 그래야 사

회복지사가 된 졸업생이 지불하는 상환금이 투자 은행가가 된 졸업생보다 훨씬 적어지고, 매달 지불해야 하는 상환금도 갚을 만해진다.

(4) 미국이 1950년대와 1960년대에 거의 달성할 뻔했던 제도, 즉 공립대학 무상교육제도로 돌아가야 한다. 과거에는 고등교육을 학생과 그 가정의 사적 투자에 불과하다고 생각하지 않았다. 퇴역군인에게 공립대학 무상교육을 제공했던 제대군인원호법(GI Bill)은 1달러 투자 대비 7달러의 수익을 거뒀다. 우리는 K학년에서 12학년까지 실시하는 무상교육이 국가를 더욱 튼튼하게 구축하는 공공선이라고 이해한 것과 같은 방식으로 제대군인원호법을 생각했다.

대학교 학자금 대출 위기는 발생해서는 안 되며, 위기를 해소하기 위하여 앞의 4단계를 밟으면 국민 모두에게 혜택이 돌아간다.

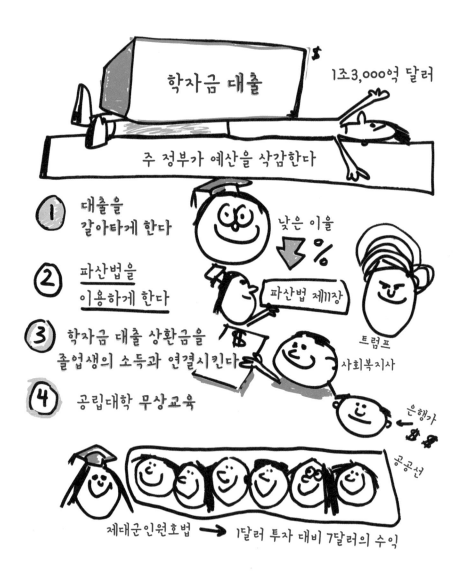

학자금 대출

1조 3,000억 달러

주 정부가 예산을 삭감한다

① 대출을 갈아타게 한다

② 파산법을 이용하게 한다

③ 학자금 대출 상환금을 졸업생의 소득과 연결시킨다

④ 공립대학 무상교육

낮은 이율

파산법 제11장

트럼프

사회복지사

은행가

공공선

제대군인원호법 → 1달러 투자 대비 7달러의 수익

인종별 재산 격차는 무엇인가?

인종별 재산 격차가 커지는 원인은 무엇일까? 이러한 현상을 뒤집으려면 어떻게 해야 할까?

인종별 재산 격차에 대한 이야기를 많이 들을 수는 없지만 여러분은 반드시 들어야 한다. **재산** 불평등은 **소득** 불평등보다 훨씬 큰 문제이다. 집을 사거나, 주식이나 채권에 투자하거나, 자녀에게 대학 교육을 시키기 위해서 저축하는 등 재산을 모으기 시작하려면 충분한 소득을 거두어야 한다. 하지만 많은 미국인은 대부분 저축을 하지 못하므로 재산이 거의 없다시피 하다. 미국인 상위 1%가 국가 전체 재산의 40%를 보유하고, 하위 80%는 7%를 차지할 뿐이다.

저소득 유색인종 가정은 저축을 하거나 부를 상속받는 경우가 적으므로 특히 빈곤하다. 게다가 주택소유를 방해하는 차별 정책을 비롯해서 부를 축적하지 못하게 막는 중대한 방해에 직면한다.

이렇듯 구조적으로 불리한 조건은 계속 쌓여서 현재 백인 가정의 평균 순 자산은 아프리카계 미국인 가정과 라틴계 미국인 가정보다 10배 이상 많다.

그렇다면 어떻게 해야 모든 미국인이 부를 축적하도록 도울 수 있을까?

(1) 세금제도를 개혁한다. 자본소득, 즉 자산 증가액에 경상소득과 같은 비율로 세금을 매긴다.

모든 미국인이 부를 축적하도록 돕는다?

① 자본소득에 경상소득과 같은 비율로 세금을 매긴다.

② 주택담보 대출 이자액의 세금 감면 제한과 퇴직적금의 수령 연기 제한

$12000

$1000

절세

신생아의 저축예금 계좌 1,250달러

이자가 붙은 후

종잣돈

인종별 재산 격차 20% 감소

우리 모두에게 이익이다

(2) 부유층이 소득에서 공제받을 수 있는 주택담보 대출 이자액과 수령을 연기할 수 있는 퇴직적금액을 제한한다. 이러한 개혁으로 세금을 절약해서 저소득층이 부를 축적할 수 있는 기반을 마련하도록 돕는다.

예를 들면 모든 신생아에게 최소 1,250달러, 저소득 가정의 신생아에게는 그보다 많은 금액을 넣은 저축예금 계좌를 제공한다. 이 보조금

은 여러 해 동안 이자가 붙어서 견실한 종잣돈이 될 것이다. 연구 결과에 따르면, 이러한 정책 하나만 시행해도 인종별 재산 격차를 20% 가까이 줄일 수 있다.

신생아 때에 받은 보조금은 18세가 되었을 때, 학비나 훈련비로 쓰거나 창업을 하거나 집을 사는 데에 쓸 수 있다. 연구 결과를 보더라도 이렇게 저축예금 계좌를 제공하면 아이들의 행동을 바꿀 수 있고 아이들의 대학 입학 가능성을 높일 수 있다.

(3) 공적 부조를 받는 가정이 저축을 할 수 있도록 허용한다. 오늘날 공적 부조를 받는 가정은 1,000달러만 저축해도 지원을 박탈당할 수 있다.

한 가정이 저축할 수 있는 한도액을 저소득 4인 가정의 약 3개월 소득 합계에 해당하는 최소 1만2,000달러까지 높여서 자급자족하는 길로 들어서게 한다.

이렇게 간단한 정책만 실시해도 빈곤층 가정은 자신의 미래에 투자할 수 있으므로 빈곤에서 확실히 벗어날 수 있다.

모든 사람이 재산을 축적할 기회를 잡을 수 있을 때 국민 모두에게 혜택이 돌아간다.

여성의 재산 격차

"여성의 재산 격차를 종결하기 위한 계획"의 공동 설립자인 엘리나 차베즈 케자다와 로버트 라이시가 대화한 내용이다.

로버트 라이시 : 수백만 명의 여성들이 미국 전역의 도시에서 행진함으로써 성 불평등에 대해서 주의를 환기하고 난 후 시간이 꽤 흘렀습니다. 내 주의를 끌었던 주장은 과거 어느 때보다 여성이 가정에서 유일하게 또는 공동으로 생계를 책임지는 경우가 많아졌는데에도 여전히 남성보다 훨씬 적은 소득을 얻는다는 것이었습니다.

엘리나 차베즈 케자다 : 소득 불평등은 여성과 그 가정의 경제적 안정에 영향을 미치는 주요 문제입니다. 게다가 설사 **소득** 격차를 없애더라도 크게 벌어져 있는 **재산** 격차는 그대로 남습니다. 여성의 소득이 남성 소득의 79%에 불과하다는 사실은 잘 알려져 있지만 여성의 재산이 남성 재산의 32%에 지나지 않는다는 사실은 대부분 베일에 가려져 있습니다. 게다가 흑인과 라틴아메리카계 여성의 재산은 백인 남녀 재산의 1%에 지나지 않습니다. 그러므로 여성의 경제적 안정을 구축하려면 소득 격차와 재산 격차를 해소해야 합니다.

로버트 : 재산과 소득은 어떻게 다른가요? 여성과 남성의 재산 격차가 그토록 큰 원인은 무엇인가요?

엘리나 : 재산은 자신이 재정적으로 어떻게 활동하고 있는지를 소득보다 훨씬 정확하게 나타냅니다. 자산에서 빚을 제외한 금액이니까요. 여성의 재산 격차를 악화시키는 요소가 몇 가지 있는데 일부만 예로 들어보겠습니다.

여성은 남성보다 소득이 적기 때문에 저축할 수 있는 여력이 적습니다. 대개 가족을 돌봐야 하기 때문에 파트타임으로 일하는 경우가 많다보니, 소득을 재산으로 전환할 때 이로운 고용주 혜택을 받는 데에 제약이 따릅니다.

정부가 퇴직 후 생활이나 주택소유를 도울 목적으로 세금 보조금제도를 만들어서 저축과 투자를 장려하고 있지만, 여성은 이용할 수 없는 경우가 많습니다. 제도의 조직 방식 때문입니다. 이런 모든 난관은 인종과 성의 차이로 차별을 받는 유색인종 여성에게 더욱 험난합니다.

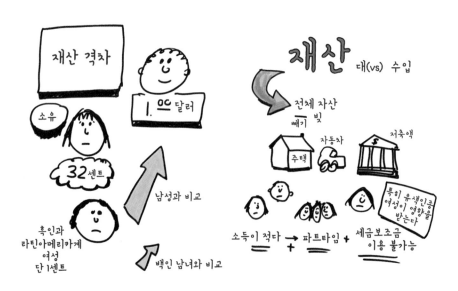

로버트 : 그렇다면 우리는 어떻게 해야 할까요?

엘리나 : 소득과 재산 불평등을 해소할 수 있는 다양한 해결책이 필요합니다.

소득의 측면에서는 임금 평등, 부담적정 육아, 유급 육아 및 간호 휴직제도를 시행하도록 정부를 계속 밀어붙여야 합니다.

재산의 측면에서는 퇴직적금과 세금 혜택이라는 2가지 주요 과제부터 해결해야 합니다.

첫째, 여성이 퇴직계좌를 개설할 수 있는 경로를 확대하는 전략을 지원해야 합니다. 캘리포니아 주에서 실시하는 "안전한 선택(Secure Choice)" 프로그램이 그 예입니다. 여기서는 소기업 고용주들이

소득 ＝ 급여 평등

부담적정 육아 +
유급 휴가

재산 퇴직적금

세금 혜택

재산 축적

저소득 여성과 유색인종 여성이
재산 격차의 영향을 가장 많이 받는다
+
이러한 정책을 실시하면
혜택을 받을 가능성이 가장 크다

직원에게 퇴직계좌를 개설할 수 있는 길을 제공하고, 퇴직계좌를 고용주가 아닌 개인과 묶는 "이동식 혜택(portable benefits)"(직장을 옮기는 근로자의 건강보험과 연금제 등의 자격을 유지시키는 제도/역주)을 확대해서 독립 계약자, 가정 고용인, 우버 운전자 등도 퇴직계좌를 개설할 수 있도록 조치합니다.

둘째, 정책입안자들이 세금개혁을 둘러싸고 논쟁할 때는 "누가 혜택을 받는가?"라고 계속 물어야 합니다. 근로 여성과 그 가족이 혜택을 받지 않으면 뒤로 물러서야 합니다. 예를 들어보겠습니다.

전체 가구의 3분의 2와 그중에서 근로 여성이 가장인 가구의 대부분은 세액공제를 항목별로 챙겨서 신고하지 않으므로, 주택 융자 세액공제 등의 혜택을 받지 못합니다.

퇴직계좌

소기업 고용주

계좌를 개설할 수 있는 경로를 제공한다

이동식 혜택

이동식

세금 혜택, 누구를 위한 혜택인가?

여성이 가장인 근로 가정과 가구는 세액공제 혜택을 받을 가능성이 훨씬 큽니다. 환급 가능한 세금의 경우에는 더욱 그렇고요. 확대 근로소득 세액공제와 자녀 세액공제는 여성을 위해서 우선적으로 실시해야 하는 제도입니다.

이러한 세제 전략은 국민 전체를 지원합니다만, 여성 소득 격차의 영향을 가장 많이 받는 계층인 저소득 여성과 유색인종 여성에게 실제로 혜택을 줄 수 있습니다.

로버트 : 그래서 여성의 재산 격차를 종결하는 것이 가족과 지역사회, 더 나아가서 국가 경제에 유익하군요. 가정이 재정적 위기를 극복하는 데에 필요한 완충제 역할을 하고요. 또 자신이 속한 사회에서 저축하고 투자할 수 있도록 작용합니다.

이러한 모든 전략은 경제를 강력하게 구축하는 데에 기여한다.
한마디로 국민 모두에게 이익이다.

대량 투옥 정책을 끝내자

이제 대량 투옥 정책의 막을 내려야 한다. 많은 수의 미국인을 투옥하는 것은 잘못일 뿐만 아니라 인종을 차별하는 정책이다. 유색인종은 백인 남성과 같은 행동을 하더라도 경찰관에게 저지 및 심문을 당하거나 체포될 가능성이 더 크다. 또 기소되어 투옥될 가능성도 더 크다.

대량 투옥 정책은 경제에도 손해이다. 큰 틀에서 보더라도 오늘날 미국 인구는 세계 인구의 5%이지만 재소자는 전 세계 재소자의 25%를 차지한다. 현재 미국은 수감제도를 운영하느라 매년 800억 달러 이상을 소비한다. 1970년대 중반만 해도 미국의 수감자 수는 20만 명 미만이었지만, 법정 최소 수감형(범죄의 유형에 따라서 법으로 정한 최소 수감기간을 선고하는 형/역주)과 범죄 삼진 아웃제(3차례 이상 범죄를 저지르면 장기 구금하게 하는 법/역주)를 시행하면서 거의 250만 명까지 급증했다. 사람들을 수감한다고 해서 나머지 국민이 더욱 안전해지지 않는다는 증거가 광범위하게 나타나는 데에도 그렇다.

흑인, 백인, 라틴계 미국인이 비슷한 비율로 마약을 사용하더라도, 유색인종은 저지당하고 수색당하고 체포되어 범죄 혐의를 받고 기소당한 후에 수감될 가능성이 더 크다.

경제적으로도 막대한 대가를 치러야 한다. 중죄로 유죄선고를 받으면 학자금 대출도 주택담보 대출도 받을 수 없고, 심지어 투표도 할 수 없다. 직장을 구할 자격을 박탈당할 수도 있다. 그만큼 인간이 지닌 많은 잠재적 능력을 낭비하게 된다는 뜻이다. 우리는 경제에 불을 지피고 강력한 사회를 구축할 수 있는 사람들을 막대한 비용을 써가며 투옥하고 있는 것이다.

그렇다면 어떻게 해야 할까?

(1) 더욱 현명한 판결법을 제정하고, 법정 최소 수감제도를 폐기하고, 형사사법제도의 적용을 받는 사람들을 다루는 방식을 바꾼다. 그저 교도소에 수감하는 것이 능사가 아니라 직업훈련, 정신건강 지원, 약물치료 프로그램처럼 비용 효율이 높은 대안을 찾아야 한다.

(2) 경찰의 무장화를 중단한다. 표적으로 삼는 유색인종 거주 지역에서 "깨진 창문"(사소한 무질서를 방치하면 그 주변으로 범죄가 확산된다는 뜻/역주) 논리와 "정지 신체 수색권" 같은 인종차별적인 경찰력을 집행하는 것을 중단한다.

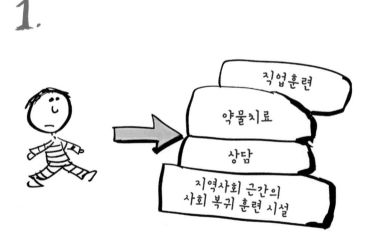

(3) 교도소를 새로 짓지 않는다. 또한 기존의 일부 교도소를 폐쇄한다. 주 정부는 학교에 지원하는 예산은 삭감하면서도 교도소를 지원하는 예산은 계속 늘리고 있다. 정신 나간 짓이다.

(4) 전과기록 항목을 삭제한다. 직원을 채용할 때, 중범죄로 유죄를 선고받은 적이 있는지 묻지 않는다. 이미 수십 곳의 주, 시, 카운티에서는 고용주에게 구직자가 과거에 한 일보다 앞으로 할 수 있는 일을 고려하라고 요구하는 법안을 통과시켰다.

사람들이 불공평하게 수감되는 바람에 남은 생애 동안 경제활동이 금지되는 사태를 막아야 한다. 더 이상 사람들의 재능을 낭비하지 말고 모두에게 기회의 문을 열어주기 시작해야 한다.

월스트리트의 주식거래에 세금을 부과하는 것이 생각보다 훨씬 좋은 정책인 이유

상원의원 버니 샌더스가 제출한 매우 중요한 안건 중에서 금융거래에 세금을 부과하자는 안건은 충분히 주목받지는 못했지만 반드시 법으로 제정되어야 한다.

해당 주장을 뒷받침하는 근거를 살펴보자.

금융거래세 부과를 찬성하는 주장은 이렇다.

(1) 단기 매매, 내부자 거래, 단기 금융도박에 붙는 인센티브가 감소할 것이다. 주식과 채권을 사는 다른 사람을 누르려고 주식이나 채권을 사고파는 행위는 거대한 제로섬 게임(zero-sum game)이다. 무수한 자원을 낭비하고, 국가의 매우 우수한 인재들의 재능을 소모하고, 금융시장을 불필요한 위험에 빠뜨린다.

(2) 많은 수익을 창출한다. 초당적 세금 정책 센터(Tax Policy Center)에 따르면, 거래세를 0.1%만 부과해도 10년 동안 1,850억 달러를 거두어들일 수 있다. 그러면 경제적 파이를 단순히 재배열하는 데에 머물지 않고, 학교 환경을 개선하고 대학 진학의 기회를 확충하는 등 경제적 파이를 크게 만드는 공적 투자를 지원할 수 있다.

(3) 공정할 수 있다. 미국인은 각종 재화와 용역에 대해서 매출세를 내지만, 월스트리트 주식거래자들은 자신들이 매입하는 주식과 채권에 대해서 매출세를 지불하지 않는다. 그래서 금융 산업은 미국 기업들이 거두는 전체 수익의 약 30%를 창출하면서도 법인세는 약 18%만 지불하는 것이다.

금융거래세 부과를 반대하는 주장은 이렇다.

월스트리트는 금융거래세가 아무리 적더라도 다음과 같은 부작용을 낳으리라고 주장한다.

(1) 거래를 외국으로 내몬다. 다른 국가에서 쉽게 거래할 수 있기 때문이라는 것이다.

헛소리이다. 영국은 주식거래에 세금을 부과한 지 수십 년이 지난 지금도 여전히 세계 금융을 움직이는 큰손이다. 게다가 연간 약 30억 파운드의 세금을 거두어서 국가 예산 운용에 크게 기여한다(30억 파운드는 미국 경제 규모로 300억 달러와 같다). 40개 이상의 국가가 금융거래세를 부과하고 있고, 유럽연합도 금융거래세를 실시하려는 과정에 있다.

(2) 퇴직자, 사업주, 보통 저축자 등 소액 투자자에게 부당한 짐을 지운다.

이것도 틀렸다. 거래의 규모와 빈도를 줄이면 세금이 무겁지 않을 것이고, 이 점이 중요하다. 실제로 세금은 상당히 누진적 성격을 띤다. 세금 정책 센터는 납세자 중에서 상위 20%가 전체 세금의 75%, 상위 1%가 전체 세금의 40%를 지불하게 되리라고 추산한다.

그렇다면 소속 정당을 불문하고 정치인이 금융거래세 부과 정책을 지지하지 않는 이유는 무엇일까?

금융거래세가 월스트리트의 주요 수익원을 직접적으로 위협하기 때문이다. 외부에서는 눈치채지 못했을 수 있지만 월스트리트는 정치권력을 획득하기 위해서 그 방대한 수익의 일부를 사용한다. 이것이야말로 금융거래세를 시행해야 하는 최대 이유일 수 있다.

보편적 기본소득을 보장해야 하는 이유

자신이 바라는 것은 무엇이든 만들 수 있는 "아이에브리싱(iEverything)"이라는 자그마한 장치가 눈앞에 있다고 상상해보라. 아직까지는 존재하지 않지만 기술이 지금처럼 빠른 속도로 계속 발전한다면, 우리도 모르는 사이에 우리 앞에 등장할 것이다.

지능형 컴퓨터, 3D 제조, 빅데이터 처리, 첨단 생명공학 기술을 통합한 이 작은 장치가 우리가 원하는 대로 무엇이든 해줄 수 있고, 필요한 대로 무엇이든 우리에게 줄 수 있을 것이다.

그러나 문제가 하나 있다. 경제가 지금처럼 조직되어 있다면, 유급 일자리가 남아 있지 않을 터이므로 누구도 아이에브리싱을 살 수 없을 것이다. 장치의 이름대로 정말⋯⋯무엇이든 해내지 않는가!

앞으로 제시하는 주장의 핵심을 설명하기 위해서 과장하기는 했지만, 우리는 아이에브리싱 같은 미래가 대부분의 사람이 인식하는 것보다 훨씬 더 빨리 도래하는 세상을 향해서 나아가고 있다. 지금도 과거보다 훨씬 적은 인력으로 훨씬 많은 제품과 서비스를 생산하고 있다. 지금 인터넷 판매가 소매 근로자 수백만 명을 대체하고 있다. 진단 애플리케이션이 수많은 의료계 종사자를 대체할 것이다. 자율주행 자동차와 트럭이 운전자 500만 명을 대체할 것이다. 연구자들은 미국 전체 일자리의 거의 절반이 앞으로 20년 안에 자동화될 위기에 처해 있다고 추산한다.

이것이 반드시 불행한 현상은 아니다. 우리가 향하는 경제는 수백만 명에게 자유시간을 더욱 많이 허락해서, 예전처럼 생계를 유지하기 위해서 일하지 않고 자신이 하고 싶은 일을 할 수 있게 해준다.

그럴 수 있으려면 아이에브리싱이 지배하는 경제에서 매우 잘 살아갈 상대적 소수에서, 아이에브리싱을 사고 싶어할 나머지 사람들로 돈을 재순환하는 방법을 찾아내야 한다.

이때 진지하게 고려해볼 만한 해결책이 있다. 혁신적으로 노동력을 대체해서 발생한 이익을 보편적 기본소득 정책의 재원으로 삼을 수 있다.

보편적 기본소득 개념은 들리는 것처럼 급진적이지 않다. 역사를 보

더라도 좌익과 우익 모두에게 지지를 받아왔다. 1970년대 닉슨 대통령은 미국에 비슷한 개념의 정책을 실시하자고 제안했고, 심지어 해당 법안이 하원을 통과하기도 했다.

보편적 기본소득 개념은 부분적으로는 기술이 빠르게 변하기 때문에 다시 관심을 끌고 있다. 내가 만나는 많은 첨단기술 기업의 중역들은 궁극적으로 보편적 기본소득제도를 시행할 수밖에 없다고 거듭 말한다.

일부 보수주의자들은 보조금을 어디에 쓰라고 사람들에게 강제하지 않으므로 보편적 기본소득제도가 복지나 다른 종류의 공적 지원보다

낮다고 믿는다. 게다가 누구에게나 수혜 자격을 주므로 수혜자들에게 낙인을 찍지 않는다.

최근 증거들을 살펴보더라도 사람들에게 현금을 지급해서 빈곤에 대처하도록 돕는 방법은 실제로 효과가 있다. 연구를 거듭해서 도출된 결과를 보더라도 수혜자들은 일을 멈추지 않을 뿐만 아니라 보조금을 음주 등으로 낭비하지 않고 오히려 수입을 늘리는 용도로 쓴다.

기본소득을 향한 관심이 급증하면서 핀란드를 비롯해서 캐나다, 스위스, 나미비아 등 여러 국가의 정부들이 논의를 거듭하고 있다. 비영리 자선단체인 기브 디렉틀리(Give Directly)는 케냐에서 기본소득 실험을 실시할 예정이며, 대단히 가난하고 취약한 일부 가정에 12년 동안 일정 액수의 소득을 제공하면서 그 결과를 면밀하게 평가할 것이다.

새로운 기술이 일자리를 대체하고 있으므로, 모든 국민에게 경제적 안정을 제공할 수 있는 최선의 방법을 찾아야 한다. 보편적 기본소득 같은 정책이 거의 확실하게 방법의 일부가 될 것이다.

버니 샌더스가 제시한 7가지 유산

2016년 민주당 대통령 후보 경선이 벌어지는 동안 상원의원 버니 샌더스가 벌인 운동은 이제 막 시작 단계에 진입했을 뿐이다. 샌더스는 다음의 7가지 유산을 제시했다.

(1) 미국 민주주의를 부패시키고, 부유층에 이롭고, 다른 국민에게 불리한 방향으로 경제를 조작하는 큰돈의 존재를 볼 수 있도록 우리를 눈뜨게 해주었다. 요즘 여론조사 결과를 보면, 미국인 대다수는

자본가들이 정치에 지나치게 많은 영향력을 행사한다고 생각한다.

(2) 기업, 월스트리트, 억만장자에게 받는 큰돈에 의존하지 않고서도 선거에서 이길 수 있다는 사실을 입증했다. 샌더스는 일반 근로자들에게 소액 기부금을 받아서 민주당 대통령 후보 경선에서 거의 승리를 거두었다. 이제 어떤 후보도 더 이상 정치자금법 개혁을 지지하는 척 가장할 수 없다. 그저 상대가 그렇게 하기 때문에 자신들도 큰돈을 받아야 한다고 말할 수 있을 뿐이다.

(3) 단일 보험자(single-payer) 건강보험제도와 공립대학교 무상교육을 실시해야 하는 이유, 글래스–스티걸 법을 부활시켜야 하는 이

유, 거대 은행들을 해체해야 하는 이유를 수백만 미국인들에게 가르쳤다. 이런 주제는 앞으로 미국 정치에서 일어날 모든 진보주의 운동에서 가장 중요한 자리를 차지할 것이다.

(4) 선거운동을 벌이는 동안 수백만의 젊은이들을 정치로 끌어들여서 그들의 에너지와 열정과 이상주의를 폭발시켰다.

(5) 최저임금, 월스트리트, 사회보장제도 같은 문제에서 더욱 진보적인 입장을 취하도록 민주당을 밀어붙이는 운동에 불을 붙였다.

(6) 대통령 후보를 결정하는 민주당의 제도가 얼마나 비민주

적인지를 미국인에게 알렸다. 샌더스가 지적하기 전에는 소위 "슈퍼 대의원"제도에 관심을 기울이는 사람이 많지 않았다. 또 무소속이 투표할 수 있는지, 예비선거와 정당대회가 실제로 어떻게 운영되는지에 관심을 기울이는 사람도 많지 않았다. 하지만 국민은 지금부터 관심을 쏟을 것이다. 그리고 민주당 전국위원회(Democratic National Committee)는 근본적인 변화를 도입하라는 압박을 받을 것이다.

(7) 민주당이 다음 과제들을 수행하지 않으면 미국의 미래를 이끌기에 부적절하다는 사실을 집중적으로 조명하고 있다.

a) 정치에서 큰돈의 영향력을 제거하라는 요구를 수용하라.

b) 불평등 현상의 확산을 뒤집는 데에 헌신하라.

c) 단일 보험자 건강보험제도를 주장하기 시작하라.

d) 모든 국민에게 더욱 나은 교육과 기회를 제공할 재원을 마련하기 위해서, 부유세를 포함하여 부유층에 부과하는 세금을 인상하는 방안을 강력하게 추진하라.

e) 사회보장제도를 확대하고, 사회보장 급여세에 영향을 미치는 소득 상한선을 철폐하라.

f) 거대 은행을 해체하고 독점금지법을 강화하라.

g) 투표권을 확대하라.

샌더스, 당신이 보여준 용기, 영감, 지칠 줄 모르는 헌신, 비전에 감사한다.

그리고 우리는 투쟁을 멈추지 않을 것이다.

⑥. 민주당 전국위원회

슈퍼 대의원 무소속

예비선거 + 정당대회

제3의 당?

⑦ 민주당은 요구에 부응해야 한다

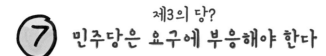

단일 보험자

사회보장

상위층에 더욱 높은 세금을 부과하자

불평등 은행

트럼포노믹스

독재정치의 7가지 징후

독재자가 민주주의 국가를 통치하면 일반적으로 다음의 7가지 행동을 보인다.

(1) 일반투표에서 패배하고 나서도 선거에서 "압도적 득표"로 승리했다고 주장하면서 자신이 획득한 권한을 과장한다. 자신이나 공모자가 부정한 방법으로 선거에서 승리했다는 모든 주장을 비난한다. 다음 선거에서 상대 후보의 득표를 제한할 구실을 만들 목적으로, 아무 증거가 없는데에도 "대량 투표 부정행위"가 발생했다고 주장한다.

(2) 자신들을 비판하는 대중매체와 기자들을 "부정직하고", "쓰레기" 같다고 말하면서, 언론을 "공공의 적"으로 지칭해서 대중이 등을 돌리게 만든다. 기자회견을 거의 열지 않고, 트위터 같은 소셜네트워크 서비스에 여과되지 않은 발언을 올리고 군중대회를 통해서 대중에게 직접 말하는 방식을 선호한다.

(3) 심지어 사실과 마주했을 때에도 대중에게 거짓말을 되풀이한다. 거짓을 반복해서 듣다 보면 일부 대중은 진실을 의심하고 독재자의 목적을 뒷받침하는 허구를 믿기 시작한다.

(4) 경제적 긴장이 이민자나 인종, 종교 소수자 때문에 발생한

다고 주장하면서 이러한 집단을 향한 대중의 편견이나 폭력까지도 선동한다. 대량 국외 추방, 종교 소수자 "등록", 난민 추방 등을 실시하겠다고 위협한다.

(5) 판사를 포함해서 자신들에게 대항하면 누구의 동기이든 공격한다. 국내에서 폭력이 발생하는 것은 "내부의 적" 때문이라고 주장하면서, 이러한 사건을 국내 치안을 보강하고 시민의 자유를 제한하는 빌미로 삼는다.

(6) 가족을 힘 있는 높은 자리에 임명한다. 대중이 수긍할 수 있는 타당한 경호 조직이 아니라 개인 경호 조직을 임명한다. 군대 장성들을 고위 민간인 지위에 임명한다.

(7) 개인 재산 상태를 비밀에 부치고, 사적 재산과 공적 재산의 경계를 긋지 않고 공직에서 이익을 취한다.

이 모든 현상을 우리 자신에게 보내는 경고라고 생각하고 경계를 늦추지 말아야 한다.

불필요하게 냉혹한 정책의 남발

지금까지 트럼프의 계획을 하나로 묶는 공통점은 불필요하게 냉혹하다는 것이다.

(1) 트럼프가 세운 예산은 빈곤층에게 특히 가혹하다. 그는 저소득자 주택, 직업훈련, 식량 지원, 법률 서비스, 곤경에 처한 농촌에 대한 지원, 산모와 신생아의 영양, 빈곤층 가정에 대한 난방 지원, "식사 배달 서비스"를 지원하는 예산을 유례없는 규모로 삭감하고 있다.

게다가 이러한 예산 삭감은 아동 5명 중 1명을 포함해서 어느 때보다 빈곤층 가정이 늘어난 시기에 실시되고 있다.

트럼프가 이렇게 하려는 까닭은 무엇일까? 1980년대 이후 최대로 인상된 국방비를 충당하기 위해서이다. 게다가 미국의 국방비 지출은 이미 세계 국방비 지출 상위 8개국 중 나머지 7개국을 모두 합한 것보다 많다.

(2) 부담적정보험법을 폐지하고 "대체하려는" 트럼프의 계획대로라면, 2018년에 1,400만 명, 2026년이면 2,400만 명이 건강보험을 잃을 것이다.

트럼프가 이렇게 하려는 까닭은 무엇일까? 앞으로 10여 년 동안 부자들에게 세금 우대 형태로 6,000억 달러를 제공하기 위해서이다. 그가 계획한 대로라면 부유층은 미국 역사상 어느 때보다 커다란 부를 축적하고 있는 시기에 뜻밖의 횡재까지 맞게 된다.

그러나 국민에게 엄청난 곤경을 안기는 대가로 연방 정부가 앞으로 10년 동안 줄일 수 있는 재정적자는 3,370억 달러에 불과하다.

(3) 트럼프는 시리아 난민의 수용을 거부하고, 미국이 받아들이는 총난민의 수를 지금의 절반으로 줄이겠다고 주장한다. 이렇게 주장하는 시기는 세계가 제2차 세계대전 이후 최악의 난민 위기를 겪고 있는 때와 일치한다.

트럼프가 이렇게 하려는 까닭은 무엇일까? 난민 거부 정책은 미국을 테러리즘에서 보호하는 데에 거의 또는 전혀 기여하지 않는다. 지금까지 미국에서 발생한 어떤 테러도 시리아인이나 현재 미국에 입국하는 것을 거부당하고 있는 6개국 국민이 저지르지 않았다. 이민자 테러리스트에게 공격을 당해서 사망할 확률은 번개에 맞아서 사망할 확률보다 낮다.

(4) 불법체류자들을 마구잡이로 검거하고 있다. 일제 검거 대상에는 수십 년 동안 미국 사회에서 생산적으로 활동해온 사람들과 어릴 때부터 미국에 거주해온 젊은이들도 포함된다.

트럼프가 이렇게 하려는 까닭은 무엇일까? 그에게는 설득력을 갖춘 정당한 이유가 없다. 실업률과 범죄율이 떨어지고 있으며, 불법체류 근로자 수는 5년 전보다 감소했다.

트럼프는 절대적으로 아무 이유 없이 냉혹한 정책을 시행하고 있는 것이다. 이는 윤리적으로 혐오스러운 행동으로, 이 나라가 지금까지 소중히 지켜온 모든 이상에 역행한다.

우리에게는 이런 행위를 중단시켜야 할 윤리적 책임이 있다.

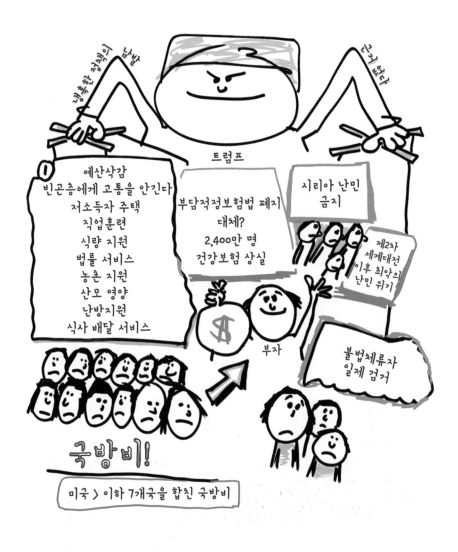

트럼프가 계획하는 정신 나간 예산

　도널드 트럼프는 경쟁에서 뒤처진 사람들, 즉 보통 사람들 편에 서겠다고 공약하면서 대통령에 출마했다. 하지만 연방 예산 현황은 구석구석 정확히 반대이다. 자신들의 이익을 증진하려고 로비스트 군단을 채용한 대기업과 자신을 포함한 소수의 최상위 부유층에게 큰 이익을 안기고 있는 반면, 나머지 국민 거의 대부분의 살림살이는 훨씬 악화시키고 있기 때문이다.

　중요한 초기 경고 신호탄으로 다음의 4가지를 살펴보자.

　(1) 트럼프가 계획하는 예산이 집행되면 국방비 지출은 10% 증가할 것이다. 미국의 국방비 지출이 이미 세계 국방비 지출 상위 8개국 중 나머지 7개국을 모두 합한 것보다 많은 데에도 그렇다.

　이러한 현상은 외교 정책의 우선순위가 무엇인지를 암시하고, 막대

한 국방비 인상이 연방 예산의 다른 분야에 미칠 영향을 시사하는 등
솔직히 많은 이유로 두렵다.

(2) 트럼프는 실제로 법인세를 삭감하려고 한다. 경제에서 차지
하는 비율로 따져볼 때, 현재 미국 기업의 수익은 1947년보다 높은 데
에도 말이다.

(3) 미국환경보호청(Environment Protection Agency, 이하 EPA)
에 책정된 예산 수십억 달러를 삭감해서 재원을 마련하려고 한다.

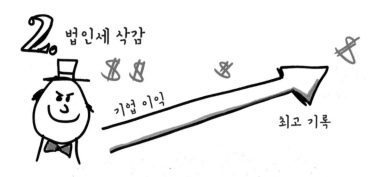

그러면 기후 변화가 지구의 미래를 위협하는 시기에 EPA는 환경법과 규제를 시행할 능력을 거의 빼앗길 것이다. 이것은 우리가 추진해야 하는 정책에 정확히 반대된다.

(4) 끝으로 국방비 지출을 급증시키는 동시에 법인세를 감면하면, 푸드 스탬프와 메디케이드 같은 사회복지 혜택에 책정되는 예산이 크게 삭감될 것이다. 게다가 시기적으로도 현재 미국은 아동 5명 중 1명 이상이 빈곤하게 생활하는 등 선진국 가운데 빈곤율이 가장 높다.

4. 빈곤층을 위한 사회복지 혜택의 예산을 삭감한다

교회와 주 정부를 분리하는 벽을 허물고 있다

도널드 트럼프는 멕시코 국경을 따라서 장벽을 세우려고 하면서도 국내에서는 교회와 주 정부를 분리하는 벽을 허물고 있다.

다음 사항을 고려해보자.

1. 트럼프가 시행하는 미국 입국 금지 정책은 이슬람 교도를 겨냥하고 기독교도는 제외한다.

2. 트럼프 내각의 교육부 장관 베치 디보스는 자신의 교육 개혁 업무를 가리켜서 "하느님 왕국의 도래를 앞당기는" 길이라고 묘사했다. 그녀는 납세자에게 거둔 세금을 종교계 학교에 전용하는 것을 상위 의제로 삼고 있다.

3. 트럼프 내각의 법무부 장관 제프 세션스는 교회와 주 정부 사이에 존재하는 "분리의 벽(wall of separation)"이 "합헌적이지 않고 역사적이지 않다"고 언급했다. 그러면서 대법관 소니아 소토마요르를 공격했다. "그녀는 포스트모더니즘과 상대주의에 갇혀 있는 세속적인 사고방식의 소유자이다. 나는 그러한 사고방식이 우리 공화국의 설립 취지에 직접적으로 반대된다고 믿는다."

트럼프 장벽

1조

헌법 수정조항

4. 트럼프가 서명한 행정명령에 따르면, 낙태를 포함할 경우 가족계획과 생식건강 관련 선택권을 제공하거나 조언하는 비정부기구에 연방 예산을 책정하지 않는다. 그러나 이것은 개인의 종교적 자유에 따른 양심의 문제이다.

5. 트럼프 내각의 주택도시개발부 장관 벤 카슨은 "세속적 진보주의자들"이 정부에서 하느님의 존재를 제거함으로써 "헌법을 사실상 재정의하는 데에 성공했다"고 주장했다.

6. 트럼프 내각의 부통령 마이크 펜스는 의회의 발언하는 자리에서 공교육이 창조론이 아닌 진화론을 가르친다고 비판했다. 그는 이렇게 주장했다. "미국 전역의 교육자들에게 진화론을 사실이 아니라 이론으로 가르치라고 요구합시다. 더 나아가서 흥미로운 이론의 하나라고 가르쳐야 합니다."

7. 트럼프 내각의 보건복지부 장관 톰 프라이스는 접합자(接合子, zygote, 수정을 거쳐 새로 생겨난 단일세포/역주)에 온전한 법인격을 부여한다는 법안을 펜스와 공동 발의했다.

미국 연방 헌법 수정조항 1조에 따르면, 연방 의회는 국교를 정하거나 자유로운 신앙 행위를 금지하는 법률을 제정할 수 없다. 하지만 트럼프와 그의 내각은 이러한 근본적인 권리를 침해하고 있다.

트럼프는 언론의 자유를 공격한다

역사적으로 독재자들은 다음의 4가지 기술을 사용해서 언론을 통제하려고 했는데, 걱정스럽게도 도널드 트럼프는 이미 사용하고 있다.

(1) 언론을 질책하고 대중이 언론을 등지게 만든다. 트럼프는 기자를 "부정직하고", "진절머리나고", "쓰레기 같다"고 언급한다. 선거에서 "대량 투표 부정행위"가 발생했고, 자신이 "압도적 득표"로 승리했다고 거짓말을 늘어놓는다. 이때 언론이 거짓말이라고 지적하면, 트럼프는 오히려 언론이 거짓말한다고 공격한다. 심지어 텔레비전에서 방송하는 풍자도 "재미있지 않고, 편파적이고, 한심하다"고 일축한다.

(2) 언론의 접근을 제한한다. 트럼프는 여행할 때에 언론을 대동하지 않을 뿐만 아니라, 누구를 만나는지 알지 못하도록 언론을 차단한다. 트럼프가 선거 직후에 러시아의 블라디미르 푸틴 대통령과 통화한 사실도 크렘린이 먼저 보도했다.

(3) 언론을 위협한다. 선거운동 기간 동안 트럼프는 수년 전 자신들의 신체를 부적절하게 접촉했다고 폭로한 여성 2명의 증언과 1995년 트럼프의 소득신고서 일부를 보도한 「뉴욕 타임스」를 명예훼손으로 고소하겠다고 위협했다. 그는 명예훼손법을 집행하겠다고 엄포를 놓으면서 이렇게 주장했다. "고의로 부정적이고 끔찍한 거짓 기사를

쓴 언론을 고소하면 큰돈을 벌 수 있다."

(4) 언론을 무시하고 대중과 직접 대화한다. 트럼프는 트위터에 끊임없이 글을 올리고, 동영상을 발표하고, 대규모 집회를 연다. 이러한 수단을 동원해서 아무런 처벌도 받지 않고 대중에게 직접 거짓말을 할 수 있다.

"언론(media)"의 어원은 힘 있는 사람과 대중의 "중재자(intermediate)"이다. 언론은 힘 있는 사람들의 거짓 진술을 바로잡고, 묻기 힘든 질문을 던지고, 활동을 보도함으로써 그들에게 책임을 지운다. 트럼프는 이러한 중재자의 존재를 제거하고 싶어한다.

역사적으로 선동자들은 언론의 자유와 독립을 서서히 파괴하기 위해서 앞에서 제시한 4가지 기술을 사용해왔다. 도널드 트럼프도 정확하게 그러한 의도를 품고 있는 것 같다.

트럼프가 거짓말을 반쪽 진실로 바꾸는 10단계

2017년 초 「월스트리트 저널(*Wall Street Journal*)」의 편집 주간은 신문에서 트럼프의 잘못된 발언을 "거짓말"로 낙인찍지 않겠다고 썼다. 그러면서 거짓말을 하려면 진실을 의도적으로 호도해야 하는데 트럼프의 경우에는 이 사실을 입증할 수 없기 때문이라고 설명했다.

그러나 도널드 트럼프는 역대 모든 대통령을 능가할 정도로 거짓말을 하면서도 책임을 지지 않고 넘어가는 것 같다. 거짓말을 반쪽 진실로 바꾸는 트럼프의 10단계 계획을 살펴보자.

1단계 : 거짓말한다.

2단계 : 전문가들이 반박한다. 전문가들은 트럼프의 주장이 근거가 없을 뿐만 아니라 거짓이라고 말한다. 언론은 그의 주장이 틀렸다고 보도한다.

3단계 : 트럼프가 전문가들을 맹렬하게 비난하고, 언론을 "부정직하다"며 비난한다.

4단계 : 트럼프가 트위터와 연설에서 거짓말을 반복하면서 자신의 주장을 "많은 사람들"이 지지한다고 말한다.

5단계 : 주류 언론이 거짓말을 "논란이 있는 사실"이라고 표현하기 시작한다.

6단계 : 트럼프가 트위터, 인터뷰, 연설에서 거짓말을 반복한다. 트럼프의 대리인들이 텔레비전과 우익 블로그에서 거짓말을

10단계 계획

② 전문가들과 언론이 트럼프의 주장을 "거짓말"이라고 말한다.

③ 트럼프가 전문가들과 언론이 "부정직하다"고 맹비난한다.

④ 거짓말을 반복한다. 트럼프가 자신의 주장을 "많은 사람들"이 지지한다고 말한다.

⑤ "논란이 있는 사실"

⑥ 트럼프는 대리인들과 마찬가지로 거짓말을 반복한다.

⑦ "논쟁"으로 거론된다.

⑧ 트럼프의 거짓말을 사실로 믿는 사람들이 늘어나고 있다는 여론조사가 발표된다.

⑨ "편파적 분리"를 반영한다.

⑩ 대중은 혼란스러워하고 갈피를 잡지 못한다.

되풀이한다.

7단계: 주류 언론이 트럼프의 거짓말을 "논쟁"이라고 표현한다.

8단계: 공화당원 대부분을 포함해서 트럼프의 거짓말이 진실이라고 믿는 미국인이 증가하고 있다는 여론조사 결과가 발표된다.

9단계: 언론이 트럼프의 거짓말을 "미국에서 편파적 분리를 반영하는 주장"인 동시에 많은 사람들이 "그 말을 진실로" 인식한다고 보도하기 시작한다.

10단계: 대중은 혼란스러워하고 무엇이 사실인지 갈피를 잡지 못한다. 트럼프가 승리한다.

트럼프의 거짓말이 반쪽짜리 진실이 되도록 허용하지 말아야 한다. 절대 방심하지 말고 진실을 알고 퍼뜨려야 한다.

언론은 더 이상 에둘러 보도하지 말고, 트럼프의 거짓말을 거짓말이라고 곧이곧대로 보도해야 한다.

트럼프케어

미국 하원을 통과한 트럼프케어 법안은 건강보험에 대해서 트럼프가 약속한 8가지를 어긴다.

1. 트럼프는 "국민 모두를 위한 보험"을 약속했지만, 트럼프케어에 따르면, 미국인 수백만 명이 보험을 잃는다.

2. 트럼프는 메디케이드 예산을 삭감하지 않겠다고 약속했지만, 트럼프케어는 10년 동안 메디케이드 예산을 전체 예산의 거의 4분의 1에 해당하는 8,340억 달러를 삭감한다. 초당적 의회예산국(Congressional Budget Office)의 보고에 따르면, 결과적으로 2026년까지 1,400만 명이 건강보험에 접근하는 길을 잃을 것이다.

3. 트럼프는 "기존 질병"에 보험을 제공하겠다고 약속했다. 하지만 트럼프케어가 기존 질병 보유자를 위한 보호 장치를 제거함으로써, 주 정부는 감당할 수 없는 수준의 보험금을 환자에게 청구하지 못하게 막는 규칙에서 벗어날 수 있다.

4. 트럼프는 "건강문제가 있는 여성을 힐러리 클린턴보다 훨씬 잘 돌보겠다"고 약속했다. 하지만 트럼프케어는 가족계획의 예산을 삭감함으로써 임신 비용이 급상승할 가능성을 높이고, 강간과 성폭행

을 기존 질병으로 간주할 여지를 남겼다.

5. 트럼프는 보험료를 줄이겠다고 약속했다. 하지만 트럼프케어에 따르면, 보험료 특히 기존 질병 보유자의 보험료는 다음 2년 동안 늘어날 것이다. 미국진보협회에 따르면 상대적으로 경미한 기존 질병을 앓는 미국인조차도 수천 달러를 더 지불해야 할 가능성이 있다.

6. 트럼프는 "국민이 더욱 좋은 건강보험을 보유할 것이다"라고 약속했다. 하지만 트럼프케어는 주 정부에 권한을 부여해서 "보험자는 산모 관리, 처방, 정신건강 보험을 포함해서 필수적인 건강 혜택을 제공해야 한다"고 규정한 규칙을 피할 수 있게 한다.

7. 트럼프는 "본인부담금을 훨씬 낮추겠다"고 약속했다. 의회 예산국이 원안을 분석한 결과에 따르면, 트럼프의 계획을 시행하면 "본인부담금은 늘어날 것이다."

8. 트럼프는 비용을 감당할 수 없는 가정에 건강보험을 제공하겠다고 약속했다. 트럼프케어는 메디케이드 예산을 극적으로 삭감할 뿐만 아니라 저소득 가정에 보험 혜택을 줄 수 있는 세액공제액을 줄인다.

건강보험을 둘러싸고 트럼프가 약속한 사항은 더할 나위 없이 무가치하다. 트럼프케어를 시행한다면 대부분의 미국인에게 막대한 피해를 안기고 많은 인명을 앗아갈 것이다.

"국민 모두를 위한 보험"을 약속했다. 그러나 미국인 수백만 명이 보험을 잃을 것이다.

메디케이드 예산을 삭감하지 않겠다! 그러나 1,400만 명이 보험을 잃을 것이다.

나는 "기존 질병 보유자를 돌보겠다." 그러나 환자는 건강보험금을 지불하지 못할 것이다.

나는 "여성을 돌보겠다." 그러나 가족 예산이 삭감되고, 여성의 보장 범위가 줄어들고 강간이 기존 질병에 포함될 수 있다.

"보험료를 낮추겠다." 그러나 보험료는 오히려 늘어날 것이다.

"국민은 더욱 좋은 건강보험을 보유할 것이다." 그러나 산모 관리, 처방, 정신건강보험 등은 보험 혜택을 받지 못한다.

"본인부담금을 낮추겠다." 그러나 오히려 인상될 것이다.

"비용을 감당할 수 없는 가정에 건강보험을 제공하겠다." 그러나 그러지 않을 것이다.

더할 나위 없이 무가치하다

거짓말
거짓말
거짓말
거짓말
거짓말
거짓말
거짓말
거짓말

트럼프케어를 중단하라

사회기반시설 투자를 둘러싼 트럼프의 속임수

미국은 사회기반시설에 막대한 투자를 해야 하는 절체절명의 과제를 수행해야 한다. 하지만 도널드 트럼프가 제안하는 계획은 부자에게 막대한 세금 혜택을 안겨주려는 시도에 불과하다.

(1) 트럼프의 계획은 개발업자와 투자자들에게 거액의 공공보조금을 지불하는 것과 마찬가지이다. 부자에게 세금을 부과해서 위험 상태에 놓인 낡은 도로, 다리, 공항, 급수시설 등을 보수하지 않고, 부유한 개발업자들과 월스트리트 투자자들에게 세금 혜택을 줌으로써 사회기반시설을 보수하도록 동기를 제공하려고 하기 때문이다. 부유한 개발업자들과 투자자들이 1달러를 프로젝트에 투입하는 경우에 실제로는 18센트만 지불하고 나머지 82센트는 세금으로 충당할 것이다.

(2) 일반 국민에게 값비싼 통행료를 물려서 막대한 이익을 챙길 민영기업에 공공 도로와 다리 건설을 맡길 것이다. 그리고 월스트리트의 엘리트 투자자들이 요구하는 수익률을 충족하기 위해서 통행료를 높게 책정할 것이다. 결과적으로 일반 국민은 이중으로 부담을 져야 한다. 우선 세금을 사용해서 개발업자와 투자자를 지원하고, 통행료와 사용료를 지불해서 그들의 주머니를 불려줄 것이기 때문이다.

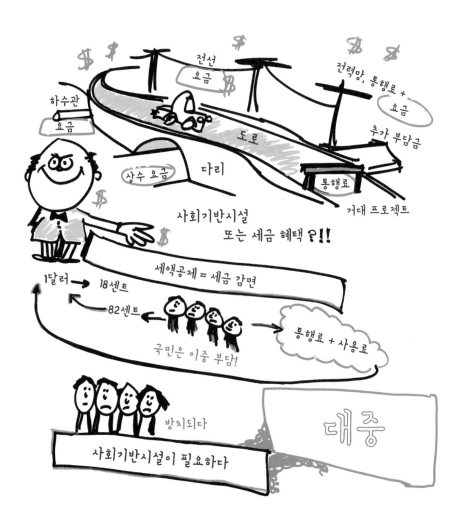

(3) 잘못된 종류의 사회기반시설을 보유하게 된다. 월스트리트 투자자들의 구미를 당기는 것은 주요 고속도로와 새 다리처럼 통행료와 요금을 많이 거둘 수 있는 거대 프로젝트이다. 그들은 시급하게 건설하거나 보수해야 하지만 규모가 작은 수천 개의 다리, 공항, 하수시설, 정수시설에는 관심이 없다. 또한 규모가 지나치게 작아서 자본 투자자가 원하는 정도의 통행료와 기타 사용료를 창출하지 못하는 농촌, 소도시, 마을의 요구에도 관심이 없다. 물론 녹색 에너지에도 관심이 없다.

미국을 정말 위대한 국가로 재건하려면 거대 개발업자와 투자자가 아니라 대중을 위해서 좀더 나은 사회기반시설을 더욱 많이 건설해야 한다. 그렇게 할 수 있는 유일한 방법은 기업과 부자가 공정한 몫만큼 세금을 납부하는 것이다.

트럼프는 석탄에 크게 내기를 건다

대통령 후보에 출마했을 당시에 도널드 트럼프는 국민에게 일자리를 되찾아주겠다고 수차례 강조했다. 그러면서 석탄 산업에 크게 비중을 두고, 자신이 석탄을 얼마나 사랑하는지 보여주려고 안전모를 쓰고 곡괭이를 들어 휘둘렀다.

그러나 미국에는 석탄 관련 일자리가 별로 남아 있지 않다. 오바마가 취한 조치 때문이 아니다. 석탄의 수요 감소와 동시에 기계가 많은 작업을 도맡아 처리하기 때문이다.

1985년 미국의 석탄 산업은 17만8,000명을 약간 웃도는 광부를 고용했다. 2016년에 고용한 광부는 5만6,000명에 불과했다.

이와 비교해서 2016년 풍력 에너지 산업과 태양 에너지 산업이 창출한 일자리 수는 석탄 산업의 6배가 넘었다. 트럼프가 어떻게 행동하든 상관없이 두 산업의 일자리는 훨씬 늘어나는 추세이다.

태양 에너지 사용량은 전 세계적으로 폭발해서 지난 5년 만에 거의 6배 증가했다. 그런데도 미국은 태양 에너지 생산 분야에서 중국, 독일, 일본, 이탈리아보다 뒤처져 5위에 머물러 있다.

미국이 신 에너지 경제에 합류해서 주도권을 잡고 싶다면, 과거의 에너지가 아니라 미래의 에너지에 보조를 맞추어야 한다.

도널드 트럼프가 제안한 계획은 미국을 주도적인 위치가 아니라 따라가는 위치에 놓을 뿐이다.

트럼프 🖤 석탄

1985년 ➡ 석탄 산업 일자리 17만8,000개
2016년 ➡ 석탄 산업 일자리 5만6,000개

일자리 감소

수요감소 +
기계화

석탄 산업 일자리 수의 6배

바람

신 에너지 경제

녹색 일자리

불과 5년 동안
전 세계적으로 6배 증가

미국 5위

장벽

트럼프는 미국과 멕시코 국경에 장벽을 세우는 것을 "대단한 아이디어(big idea)"라고 부르면서 끊임없이 강조한다. 이것은 인종차별과 외국인 혐오증을 드러내는 것만큼이나 어리석은 계획이다. 그 이유를 살펴보자.

(1) 장벽 건설비용이 250억 달러나 된다. 이 금액은 「워싱턴 포스트(*Washington Post*)」에서 사실 확인 업무를 담당하는 팩트 체커(fact checker)가 산출한 최적 추정치이다. 트럼프는 2017년 2월 장벽 건설비용을 80억 달러라고 언급했다가 몇 주일 후에 100-120억 달러로 올렸다. 아직까지는 장벽을 완성할 만한 예산에 전혀 근접하지 못하고 있다.

(2) 트럼프는 멕시코가 지불할 것이므로 실제 건설비용을 충당할 걱정은 하지 않아도 된다고 말한다. 하지만 멕시코가 비용을 지불할 리 만무하다. 2017년 1월 11일, 멕시코의 엔리케 페냐 니에토 대통령은 장벽 건설비용을 지불하지 않겠다고 자국 국민에게 단언했다. 그렇다면 실패로 끝날 것이 분명한 건설사업의 엄청난 비용은 미국의 납세자들이 지불해야 한다는 뜻이다.

(3) 어쨌거나 장벽을 세울 이유가 전혀 없다. 멕시코에서 유입되는 불법체류 이민자가 급감하고 있기 때문이다. 미국 국토안보부

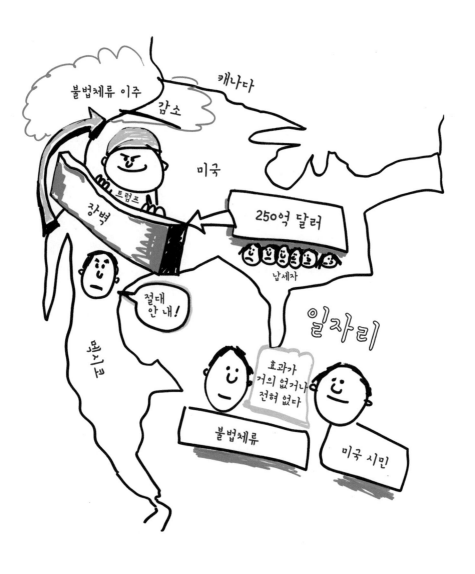

(Department of Homeland Security)는 총불법체류 인구가 2008년 1,200만 명으로 정점을 찍은 후로 계속 감소하고 있다고 추산했다. 퓨 연구소에 따르면, 미국으로 유입되는 멕시코 이민자의 전반적인 흐름은 1990년대 이후 최저이다. 국경에서 체포되는 멕시코인들의 수도 1973년 이후 최저 수준이다.

(4) 게다가 불법체류 이민자가 미국인의 일자리를 빼앗는다는 증거는 거의 없거나 전혀 없다.

미국 통계국이 발표한 자료를 분석한 최근 결과에 따르면, 불법체류 이민자들이 종사하는 직업은 미국 시민이 종사하는 직업과 매우 다르다. 실제로 미국은 이주 노동자 프로그램을 실시해서 상당수의 멕시코인 합법 이민자를 받아들였다. 지난 10년 동안 미국이 멕시코로부터 받아들인 합법 이민자는 160만 명, 임시직 근로자는 390만 명이다.

물론 트럼프는 단순히 자기 권력을 확대하고 민중을 선도하기 위해서 고안한 사실무근의 세계에서 살고 있다. 하지만 다른 사람이 그러한 세계에 살 필요는 전혀 없다.

법인세 감면

    도널드 트럼프는 "미국을 더욱 경쟁력 있는 국가로 만들 목적으로" 법인세율을 35%에서 15%로 내리고 싶어한다.

    이 계획은 다음의 7가지 이유로 터무니없다.

    (1) 회계감사원(Government Accountability Office)은 흑자를 거두는 미국 기업이 2008-2012년 평균 실효세율(공제세액과 감면세액을 차감한 실제 납부세액이 법인소득에 대해서 차지하는 비율/역주)의

14%만 지불했다고 발표했다. 이것은 다수의 중산층 가정에 적용하는 실효세율보다 작다(그리고 공식적인 법인세율인 35%의 절반이 되지 않는다). 게다가 거대 기업은 세금 구멍이 있거나 수익을 해외 조세 천국으로 옮기기 때문에 법인세를 거의 내지 않는다.

(2) 트럼프의 법인세 삭감 정책 때문에 연방 예산이 파산할 것이다. 초당적 세금 정책 센터는 트럼프의 법인세 삭감 정책을 시행하면 10년 동안 연방 수입을 2조4,000억 달러 감소시키리라고 추산한다. 그러면 국민 서비스에 책정하는 예산을 크게 삭감해야 하고, 줄어든 수입을 메우기 위해서 국민은 세금을 추가로 납부해야 한다.

(3) 트럼프의 법인세 삭감은 공급자 중심의 낙수 효과(고소득층의 소득 증대가 소비와 투자의 확대로 이어져서 저소득층의 소득도 증가한다는 이론/역주)를 지향하는 터무니없는 정책이다. 백악관은 세금을 감면하면, 경제가 비약적으로 성장해서 새로운 수익이 창출되어 재정적자가 해소된다고 주장한다. 로널드 레이건도 조지 부시도 대부분 부유층의 세금을 감면해주었다가 결과적으로 막대한 재정적자를 남기며 대통령 임기를 마쳤다.

(4) 트럼프의 계획은 특별한 세금 구멍을 새로 만들 것이다. 그래서 헤지펀드 매니저, 거대 법률회사, 도널드 레이건 같은 부동산 거물이 사업소득에 대해서 납부하는 사업소득세율(pass-through tax rate)을 40%에서 15%로 낮출 것이다. 15%는 중산층이 납부하는 세율이다. 트럼프 같은 사람이 연간 6만 달러를 버는 사람과 같은 세율로 세금을 내야 한다고 생각하는가?

(5) 트럼프의 계획은 법인세율의 바닥을 결승선으로 정하고 미국이 결코 우승할 수 없는 국제 경주를 만들어낸다. 그러면서 법인세를 삭감하면 국제적으로 미국의 "경쟁력을 강화하는" 이익이 발생한다고 주장한다. 하지만 미국은 세율이 대부분 **0%**인 조세 천국을 당할 수 없다. 게다가 다른 국가들도 미국의 움직임에 발맞추어 법인세를 낮출 것이다. 1986년 미국이 법인세율을 낮췄을 때, 정확하게 그러한 사태가 벌어졌다.

(6) 미국 기업은 세금을 감면해줄 필요가 없다. 수익은 거의 최

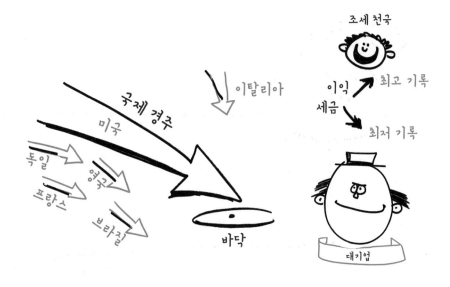

고에 가까우면서 납부 세율은 최저 수준이므로 이미 엄청난 경쟁력을 확보하고 있기 때문이다. 막대한 세금 감면을 받을 것이 아니라 오히려 정당한 몫만큼 세금을 더 납부해야 한다!

(7) 기업들이 세금 감면으로 챙긴 추가 이익을 투자해서 자사의 역량을 키우고 일자리를 창출할 것이라는 주장은 허튼소리이다. 기업은 이익의 상당 부분을 성장 목적 투자에 사용하지 않고, CEO에게 보수로 지급할 뿐만 아니라 자사의 주가를 올리려고 다른 기업을 인수하는 데에 사용한다. 그들이 훨씬 많은 이익을 손에 쥐더라도 지금과 달리 행동할 이유가 없다.

기업은 세금을 감면받아 무엇을 할까?

- 중역들에게 보수를 지불한다
- 다른 기업을 인수한다
- 자사 주식을 매입한다

임금을 인상하지도, 일자리를 늘리지도 않는다

세금 계획은 엄청난 횡재다

내각 구성원
가족
트럼프 →
다른 부자들

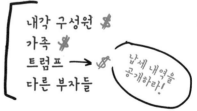

납세 내역을 공개하라!

패배자 →

그러니 트럼프의 법인세 계획에 속지 말아야 한다. 자신의 납세 내역을 공개하지 않을 것이므로 트럼프가 해당 세금 계획으로 어느 정도의 부를 축적할지 알 수 없지만, 트럼프의 다수 내각 구성원과 가족, 심지어 자신과 같은 억만장자와 기업에 엄청난 횡재를 안길 것이다.

　트럼프가 법인세 계획을 시행하면 누가 손해를 볼지 뻔하다. 바로 나머지 국민이다.

트럼프와 대형 은행은
도드-프랭크 법을 폐지하고 싶어한다

2010년 의회를 통과한 도드-프랭크 법(Dodd-Frank Act)의 목적은 대형 은행이 파산하면 그에 따른 부작용이 너무 커서 결국 구제금융으로 살려야 하는 사태를 방지하려는 것이다. 그러나 도널드 트럼프는 도드-프랭크 법을 포함해서 월스트리트에 가하는 규제를 폐지하라고 지시하고 있다.

트럼프는 월스트리트가 경제를 거대한 카지노로 바꾸었고, 2008년 월스트리트의 도박이 틀어졌을 때에 엄청난 파장이 발생했으며, 결국 자신이 납부한 세금으로 월스트리트를 구제해야 했던 사실을 국민이 망각했다고 생각하는 것 같다.

당시 사태의 여파로 일자리, 집, 저축금을 잃어버렸던 일을 국민이 잊었다고 착각하는 것 같다.

트럼프에게 투표한 많은 유권자들은 그의 속임수에 넘어간 것이다. 자신이 고통을 겪는 동안 단 한 명의 은행 중역도 수감되지 않았다는 사실을 당시 유권자들이 망각하지 않았기를 바란다. 이것은 특정 정당에 국한된 문제가 아니다. 트럼프 지지자들은 민주당과 진보주의자들과 힘을 합해서 트럼프를 책임감 있는 대통령으로 만들어야 한다.

오늘날 대형 은행의 규모는 2008년보다 훨씬 크다. 2008년 당시 최대 5대 은행의 자산은 미국 은행 자산의 25%였지만 지금은 44%이다. 당시 대형 은행들이 망할 수 없을 만큼 컸다면, 지금은 커도 너무 크다.

도드-프랭크 법을 폐지하면 다시 금융위기를 맞을 가능성이 급증한다.

게다가 트럼프는 과거 어느 행정부보다 많은 은행업계 인사들을 행정부로 불러들이고 있으며, 그들은 대부분 골드만 삭스 출신이다.

골드만 삭스의 사장 게리 콘이 국가경제위원장으로 임명되었다. 이 밖에 행정부에 진출한 골드만 삭스 출신으로는 트럼프의 오른팔 스티브 배넌, 재무부 장관 스티브 므누신, 증권거래위원회 회장 제이 클레이턴, 백악관 보좌관 디나 파월 등이 있다.

10년 전 상황을 기억하는가? 골드만 삭스는 투자자들을 사취하고, 고객들을 기만하여 자신들의 지갑을 부풀려서 정부에 거의 90억 달러의 벌금을 납부해야 했다. 현재 트럼프가 행정부에 기용한 은행업 종사자들의 다수가 그 자리에 있었다.

트럼프와 공화당이 미국 경제를 다시 위기에 빠뜨리게 내버려두어서는 안 된다. 같은 실수를 두 번 해서는 안 된다.

국세청에 책정된 예산을 삭감하려는 트럼프의 계획이 엄청나게 어리석은 이유 4가지

트럼프는 2018년 국세청(Internal Revenue Service, 이하 IRS)에 책정되는 예산을 14.1% 삭감하자고 제안했다. 이 계획은 다음의 4가지 이유로 엄청나게 어리석다.

(1) 그렇다고 돈이 절약되지 않는다. 오히려 재정적자를 악화시킬 것이다. IRS는 세금을 징수하기 위해서 1달러를 써서 미납 세금 4달러를 거두어들이고 있기 때문이다.

(2) 연방 재정적자를 악화시킨다. 현재 추정하는 연간 미납 세금은 연방 정부의 연간 재정적자와 거의 같다.

(3) 불평등을 확산한다. IRS의 감사 대상은 대부분 고소득층이므로, 트럼프가 IRS의 예산을 삭감했을 때 혜택을 받는 것은 부자이고, 부자 중에서 세금 납부 의무를 회피하는 사람은 더 늘어날 것이다.

(4) IRS는 지금도 직원이 부족하다. 2017년 IRS가 감사하는 개인 세금 신고서의 수는 2004년 이후 최저 수준으로 떨어졌고, 집행 횟수도 2010년보다 거의 30%나 감소했다.

도널드 트럼프는 IRS에 적대감을 품고 몇 년 동안 싸워왔다. 이는 자신이 납부해야 하는 세금조차 내고 싶어하지 않는다고 생각할 만한 근거이다. 연방 재정적자를 악화시키면서 부자들에게 다른 횡재를 안길 이유는 없다.

트럼프의 행동에 대처할 때 나타나는
위험한 증후군 4가지

도널드 트럼프가 대통령인 나라에서 사는 일부 국민은 다음의 4가지 증후군 중 하나에 굴복하려는 충동을 느낄 수 있다. 절대 그래서는 안 된다.

(1) 정상화 증후군

트럼프를 어느 역대 대통령보다 보수적이기는 하지만, 이성적인 결정을 내릴 일반적인 대통령이라고 믿고 싶어한다. 그렇다면 심각하게 착각하고 있는 것이다. 트럼프와 그를 보좌하는 극단적인 보수주의 내각은 미국과 세계에 현존하는 명백한 위험 요소이다.

(2) 분노 무감각 증후군

트럼프의 말이나 행동에 점점 무감각해져서 더 이상 분노하지 않는다. 이러한 인물이 조국의 대통령이므로 감정의 문을 닫겠다고 생각하면 안 된다. 아마도 더 이상 뉴스를 듣거나 읽지 않는 정신 상태에 다다를 수도 있다. 하지만 현실로 돌아와서 주위에서 어떤 상황이 벌어지고 있는지 다시 관심을 기울여야 한다.

(3) 냉소 증후군

체제 전체에 매우 냉소적인 태도를 취한다. 민주당은 근로자 계급을 포기하고, 공화당은 전국적으로 투표 행위를 억압하고, 언론은 트럼프에게 자유롭게 방송 시간을 허용하고, 기득권층은 체제를 조작하는 현실에 환멸을 느끼고, 빌어먹을 세상이라며 관심을 끈다. 트럼프가 최악의 행동을 하도록 방치한다. 하지만 이제 정신을 차려야 한다. 상황이 훨씬 악화될 수 있기 때문이다.

(4) 무기력 증후군

현실을 거부하는 것이 아니다. 트럼프의 말과 행동이 전혀 정상이 아니라는 사실을 인식하고 있으며, 앞으로 발생하려는 사태를 막기 위해서 필사적으로 무슨 일이든 하고 싶어한다. 하지만 무엇을 해야 할지 갈피를 잡지 못한다. 철저하게 무기력해서 속수무책이다.

나는 앞에서 나열한 증후군의 먹이가 되지 말고 행동을 취하라고 촉구한다. 시위를 하고, 격렬하게 논쟁을 벌이고, 다른 사람의 활동에 가담하고, 국회의원에게 저항하라고 요구해야 한다. 미국 정치를 바꾸는 일에 매진해야 한다.

트럼프에 맞서 싸우다 보면 힘이 생길 것이다. 그 힘으로 무장하면 손실을 최소로 줄일 수 있을 뿐만 아니라 미국과 세계를 합당한 궤도에 다시 올려놓을 수 있다.

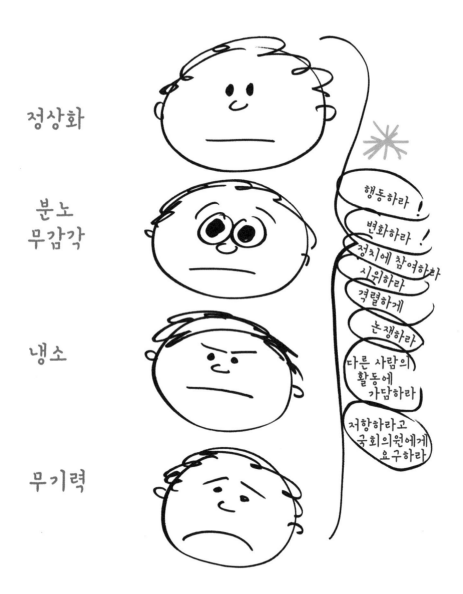

정상화

분노
무감각

냉소

무기력

대통령 탄핵 절차에 관한 설명

미국의 역사를 살펴보면, 탄핵 소추안을 의회의 표결에 부쳐서 탄핵 당한 대통령은 단 한 명도 없다. 그리고 지금까지 탄핵 소추를 당했던 대통령은 단 2명이다. 첫 번째는 1868년 앤드루 존슨 대통령이었고, 탄핵안은 상원에서 단 한 표 차이로 기각되었다. 두 번째는 131년 후인 1999년 빌 클린턴 대통령이었고, 탄핵안은 상원의원 50명이 찬성했으나 17표가 모자라서 기각되었다.

리처드 닉슨은 하원이 탄핵안을 표결하기 전에 대통령직을 사임했고, 대통령직을 승계한 부통령 제럴드 포드가 닉슨에게 "완전하고 무조건적인 사면"을 내렸다.

탄핵 과정은 헌법 1조 2항과 3항, 하원과 상원의 시행규칙의 적용을 받는다. 그 진행 절차는 다음과 같다.

(1) 하원 법사위원회에서 위원 과반수가 "탄핵 조사" 결정에 찬성하면 탄핵 절차가 시작된다.

(2) 하원이 탄핵 조사안을 표결에 부친다. 이때 탄핵 소추가 가능하려면 재적의원 과반수가 탄핵 조사안을 지지하고, 탄핵을 소추할 충분한 근거가 있는지 조사할 수 있는 권한과 자금을 법사위원회에 허용해야 한다.

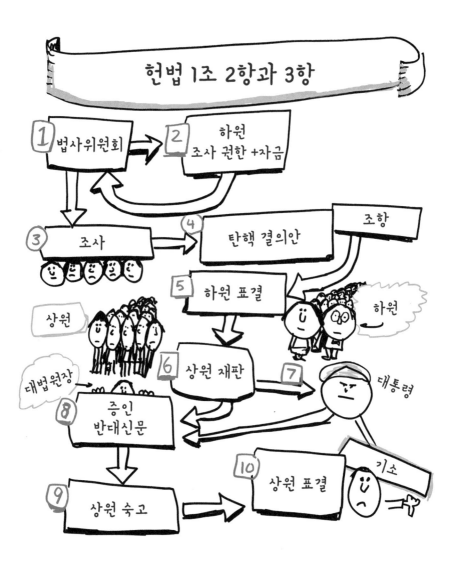

(3) 하원 법사위원회가 조사를 실시한다. 조사는 처음부터 시작할 필요는 없고, 예를 들면 FBI 등 외부 기관이 실시한 조사의 결론과 자료에 의존할 수 있다.

(4) 충분한 탄핵 소추 사유가 있다고 위원의 과반수가 결정하면, 법사위원회는 한 가지 이상의 탄핵 소추 조항에 해당한다고 추정하는 위법행위를 "탄핵 결의안"에 상세하게 담아서 발표한다.

(5) 하원 전체가 탄핵 결의안을 검토하고 나서 탄핵 사유 전체나 각각에 대해서 표결한다. 이때 하원은 법사위원회의 결정에 구속받지 않는다. 법사위원회가 탄핵을 추천하지 않더라도 탄핵에 찬성할 수 있다.

(6) 상원에 탄핵 결의안을 상정해서 재판에 부친다. 하원이 작성한 탄핵 결의안이 사실상 기소장이 된다.

(7) 상원은 실질적으로 피고인인 대통령에게 소환장을 발부해서 기소 혐의를 알리고 반론 날짜를 통보한다. 대통령이 반론이나 출석을 거부하면 "무죄"를 주장한다고 간주한다.

(8) 상원에서 탄핵 재판을 시작한다. 하원 대표(기소 측)와 대통령 변호인단(피고 측)이 모두변론(冒頭辯論)을 실시한다. 양측은 여느 재판과 마찬가지로 증거와 증인을 제시한다. 증인은 신문과 반대신문을 받는다. 연방 대법원장이 재판을 주재하면서 증거와 관련된 문제에 관해서 판결을 내리거나, 해당 문제를 상원의 표결에 부칠 수 있다. 하

원 대표와 대통령 변호인단이 최종 변론을 한다.

(9) 상원은 비공개 회의를 열어서 사건을 숙고한다.

(10) 상원은 다시 공개 회의를 열어서 탄핵안에 대해서 대통령에게 유죄를 판결할지 여부를 표결에 부친다. 유죄판결을 내리려면 재적 의원 3분의 2가 찬성해야 한다. 탄핵 사유가 한 가지 이상인 상태에서 유죄판결을 받으면 대통령은 즉시 파면되고 앞으로 다른 공직에 임명될 수 없다. 그렇더라도 탄핵 소추를 당한 전직 대통령을 상대로 추가로 법적 절차가 진행되는 사태를 막을 수 없다.

대통령을 탄핵하려면 앞에서 설명한 10단계를 밟아야 한다.

트럼프를 탄핵해야 하는 4가지 아마도 5가지 근거

내가 생각하기에 도널드 트럼프를 탄핵해야 하는 근거는 현재 다음 4가지이고, 5번째 근거는 발생하는 중이다.

첫째, 대통령은 취임 선서를 하는 자리에서 "법률과 헌법을 성실하게 수행하겠다"고 맹세한다. 헌법 2조 2항에 명시된 내용이다.

그러나 트럼프는 전임자인 오바마 대통령이 탄핵 소추에 해당하는 불법 행위를 했다고 근거 없이 비난하면서 대통령의 임무를 불성실하게 수행하고 있다.

둘째, 헌법 1조 9항에 따르면 정부 관리는 외국 정부로부터 값나가는 물건을 받을 수 없다. 하지만 트럼프는 외국 외교사절단을 움직여서 자신이 소유한 트럼프 인터내셔널 호텔에 숙박시키는 방식으로 막대한 수입을 거두고 있으며, 트럼프 브랜드의 상표출원을 승인하겠다는 최근 중국의 결정 덕택에 큰돈을 거머쥘 것이다. 이것은 트럼프가 대통령 권한으로 시행해온 여러 결정의 영향을 받은 중국 정부가 직접 개입했기 때문에 가능했다.

셋째, 수정헌법 1조는 "국교를 정하거나 자유로운 종교 활동을 방해하는" 법률을 제정할 수 없다고 규정한다. 하지만 트럼프가 이슬람 6개국 국민의 미국 입국 금지 정책을 시작하고, 계속 주장

트럼프를
탄핵해야 하는

4가지 아마도 5가지 근거

중범죄와 비행

미국 헌법

① 2조 2항 "법률과 헌법을 성실하게 수행해야……"
② 1조 9항 "수당과 보수에 관한 규정"
③ 수정헌법 1조. 자유로운 종교 활동의 자유
④ 수정헌법 1조. 언론의 자유
⑤ 헌법 3조 3항. 반역죄

하고, 감독하는 행위는 헌법 조항에 위배된다.

넷째, 수정헌법 1조는 "언론의 자유를 박탈하는" 법률을 제정할 수 없다고 규정한다. 하지만 트럼프는 언론을 "국민의 적"이라고 부르면서 자신에게 유리한 기사를 썼는지를 기준으로 기자회견에 초청할 인사를 선택한다. 이 또한 헌법 조항에 위배된다.

발생 가능성이 있는 다섯째 탄핵 사유는 다음과 같다. 헌법 3조 3항은 "합중국에 대한 반역죄"를 "적군에 가담해서 원조하거나 고무하는" 행위로 정의한다.
트럼프와 측근들이 2016년 대통령 선거에서 승리하기 위해서 러시아와 공모했다는 증거가 드러나고 있다.

헌법에서 명시하듯이 "중범죄와 비행(high crimes and misdemeanors)"을 저지른 대통령은 탄핵당할 수 있다. 문제는 트럼프를 탄핵할 근거가 있느냐가 아니라, 탄핵할 정치적 의지가 실질적으로 있느냐이다.
탄핵 소추안을 발의하는 하원에 공화당이 계속 다수당으로 존재하는 한 탄핵안이 통과될 것 같지 않다.

용어 사전

거대 기업(농업 기업, 방송통신 기업, 에너지 기업, 금융 회사, 정유 회사, 제약 회사) 특정 산업에 속한 거대 기업은, 동종 산업에 종사하는 소기업이 세금과 법률 영역에서 일반적으로 누릴 수 없는 혜택과 이익을 획득하는 방향으로 법을 제정하라고 미국 정부에 로비할 힘을 소유하고 있다.

게리맨더링(Gerrymandering) 정치인들이 특정 정당에 정치적 이점을 안기기 위해서 선거구 경계를 다시 정하는 관례이다.

국내총생산(Gross Domestic Product, GDP) 한 국가 안에서 생산되는 모든 재화와 서비스의 총가치를 가리킨다. 소비자 지출, 기업 투자, 정부 지출, 수출액에서 수입액을 제외한 가치를 포함한다.

근로소득세액공제(Earned Income Tax Credit) 연방 정부가 세액공제를 사용해서 중위 소득이나 저소득 근로 부모를 지원하려고 마련한 제도이다. 자녀가 3명 이상인 가정에 제공하는 세액공제액이 가장 많고, 자녀가 없는 근로자에게 돌아가는 세액공제액은 매우 적다.

대침체(The Great Recession) 2007년 12월~2009년 6월까지 발생한 경제 현상으로 8조 달러에 달하는 주택 거품이 터져서 미국 전역에 엄청난 실직 사태를 촉발했다.

도드-프랭크 법(Dodd-Frank Act) 정식 명칭은 "도드-프랭크 월스트리트 개혁 및 소비자 보호법(Dodd-Frank Wall Street Reform and Consumer Protection Act)"이다. 이 연방법을 제정한 목적은 금융 산업을 규제해서 2000년대 말 경제 대침체를 유발한 상황이 재발하는 것을 막기 위해서이다.

독점금지법(Antitrust Laws) 업계에 속한 여러 기업들 사이에서 공정한 경쟁을 촉진하기 위해서 입안한 여러 법률을 가리킨다. 독점금지법은 주로 담합과 독점을 금지한다.

메디케어(Medicare), **메디케이드**(Medicaid), **부담적정보험법**(Affordable Care Act, ACA), **오바마케어**(Obamacare) 메디케어는 65세 이상 미국 시민에게 제공하는 연방 건강보험 정책이다. 메디케이드는 연방 정부가 자금을 지원하고 주 정부가 운영하며, 저소득 가정의 의료비용을 지원하는 공공 건강보험이다. 오바마케어라는 별칭으로 불리는 부담적정보험법은 미국 건강관리와 건강보험 제도를 재구성한 정책으로 연방 보조금과 메디케이드 수혜 자격을 확대했다.

미국 상공회의소(U.S. Chamber of Commerce) 미국 최대 로비 단체의 하나로서 비즈니스 우호적인 정책을 지지한다. 최근에는 극우 성향을 띠면서 기후 변화와 건강보험 개혁 등의 문제에서 극도로 보수적인 입장을 취한다.

미국 입법교류위원회(American Legislative Exchange Council, ALEC) 보수주의 입법자의 편에 서서 법안의 초안을 작성해주는 비영리 조직이다. 기업 이익을 추구하는 목적에 치중한다는 평판을 널리 듣고 있다. "제한된 정부, 자유시장, 연방주의"라는 표어를 내건다.

법정 최소 수감형(Mandatory Minimums) 특히 마약 관련 범죄 등 특정 범죄로 유죄를 선고받은 사람들이 범죄 정황과 관계없이 반드시 치러야 하는 최소 수감 기간을 언도하는 형이다.

보편적 기본소득(Universal Basic Income) 소득 수준이나 근로 여부와 관계없이 정부가 모든 시민에게 조건 없이 지급하는 기본 생활비이다.

부의 불평등 대 소득 불평등(Wealth Inequality vs. Income Inequality) 경제 불평등을 측정하는 별개의 2가지 방식이다. 소득 불평등은 서로 다른 가구가 주어진 해에 벌어들인 소득의 차이에 초점을 맞춘다. 부의 불평등은 서로 다른 가구가 소유한 순수 재산의 차이에 초점을 맞춘다.

슈퍼 대의원(Superdelegates) 민주당의 대통령 예비선거가 진행되는 동안 유권자는 민주당 전당 대회에서 자신이 선호하는 후보를 지지하는 대의원을 선출한다. 하지만 슈퍼 대의원은 당 내부자들이며, 자신이 선택한 어떤 후보에도 자유롭게 투표할 수 있다.

시민연합(Citizens United) **판결** 2010년 시민연합(Citizens United) 대 연방 선거관리위원회(Federal Election Commission) 사건에 대한 대법원의 판결을 가리킨다. 해당 판결에 따라서 기업과 노동조합은 정치 후보를 지지하거나 반대할 목적으로 상한액 제한 없이 자금을 쓸 수 있게 되었다.

자동예산 삭감(The Sequester) 2013-2021년, 총 1조2,000억 달러에 이르는 연방 정부 예산을 자동으로 삭감하는 제도이다. 2011년 예산관리법(Budget

Control Act)이 의회를 통과하면서 채무한계를 높였지만, 법안을 통과시키는 데에 협력한 대가로 공화당 의원들이 지출 삭감을 요구했다. 삭감 계획을 세우는 임무를 맡은 양당위원회가 합의에 도달하지 못하면서 자동예산 삭감이 발동되었다.

조세 천국(Tax Havens)/**조세 피난지**(Tax Shelters) 조세 천국은 기업과 부자가 세금을 납부하지 않으려고 돈을 쌓아두는 국가나 지역이다. 조세 피난지는 기업이나 개인이 세금 부담을 줄이기 위해서 투자 전략지로 삼는 국가나 지역이다.

증권거래위원회(Securities and Exchange Commission) 증권 산업을 규제하는 책임을 맡은 연방 조직이다. 1929년 주식시장이 붕괴한 사태에 대응해서 세운 대책으로 1934년 미국 증권거래법에 따라서 설립되었다.

채무한계(Debt Ceiling) 미국이 빌릴 수 있는 돈의 액수를 제한하려고 마련한 제도이다. 의회는 한도액에 도달하기 전에 항상 채무한계를 높이고 있다.

하원의장(Speaker of the House) 미국 하원의 수장이다. 하원의원의 취임 선서를 주재하고, 의원들에게 정숙을 명령하고, 하원에서 의사 규칙과 예의를 지키게 하고, 의원의 발언권을 인정하는 등 다양한 하원 업무를 감독한다. 대개 구체적인 정책 의제를 추진한다.

역자 후기

　경제의 고속 성장을 주도하고 그 열매를 향유했던 국가들이 중산층 몰락, 빈부격차 심화, 일자리 축소 등 고속 성장에 가려진 냉혹한 현실에 부대끼며 몸살을 앓고 있습니다. 게다가 세계 경제는 세계화에 역행하는 경향을 보이면서 아시아와 라틴아메리카에는 국가주의 정당이 세력을 확장하고, 영국은 유럽연합을 탈퇴하기로 결정했으며, 많은 유럽 국가는 국제무역과 이민 정책을 엄격하게 통제하는 등 경제 내셔널리즘으로 기울고 있습니다. 미국은 트럼프 정부가 들어서면서 불법 이민자를 차단하고, 무역전쟁을 일으키고, 보호무역주의의 칼을 휘두르고 있습니다. 이렇듯 자본주의의 폐해가 드러나고 세계 경제의 양상이 급격하게 바뀌는 상황에서 우리에게는 자본주의와 세계 경제, 정치의 변화를 이해하고 해법을 찾아야 하는 절체절명의 과제가 주어졌습니다.

　우리나라를 예로 들더라도 20년 만에 최대 비율로 최저임금을 인상하자, 재계를 중심으로 물가인상, 일자리 축소, 저임금 저숙련 근로자의 실업 증가, 소상공인 자영업자의 부담 등을 거론하는 비판의 목소리가 거셌습니다. 반면에 최저임금 인상이 고용에 의미 있는 영향을 미치고, 소득 불평등을 해소할 수 있다는 주장도 대두되었습니다. 그렇다면 이 뜨거운 논쟁의 접점은 어떻게 찾아야 할까요?

　세계 자본주의 경제의 중요한 변화를 예리하게 꿰뚫어보는 로버트 라이시 같은 인물이 좋은 출발선을 제시할 수 있습니다. 『자본주의를 구하라』, 『로버트 라이시의 1대99를 넘어』, 『부유한 노예』, 『슈퍼 자본주의』, 『위기는 왜 반복되는가』 등 저서 제목만 보더라도 짐작할 수 있듯이 라이시는 혼란스러운 세계의 정치경제 현실에서 대중에게 정치와 경제의 상관관계를 설명하고, 빈부의 정도를 넘어서서 좀더 바람직한 미래를 향해서 함께 나아갈 수 있는 방법을 제시하고 있기 때문입니다.

특히 『미국, 이상한 나라의 경제학』에서 라이시는 다수를 위한 자본주의, 자유무역, 세금지출, 사회보장제도, 법인세, 노동권, 긴축 재정, 이민 장벽, 학자금 대출, 금융 개혁, 최저임금, 공유 경제, 인종별, 성별 재산 격차, 보편적 기본소득 등 정치경제 개념을 마치 눈앞에서 강의하는 것처럼 간결하고 쉽게 설명합니다. 어려운 용어를 사용하며 이론과 비판을 열거한 책에서 흥미와 교훈을 찾지 못한 독자라면, 쉬운 용어를 사용해서 통찰력 넘치는 내용을 따뜻하게 풀어나간 이 책에서 감동을 느낄 수 있을 것입니다. 또한 성장하는 미래의 새싹들에게도 좋은 정치경제 지침서가 될 것입니다. 삽화와 영화 등 새 매체를 사용해서 젊은 세대에게 다가가려는 시도를 통해서 라이시의 인격과 열린 마음, 대중 교육을 통한 사회개혁의 의지를 엿볼 수 있습니다.

라이시는 자본주의의 폐단이 부의 불평등한 분배로 대기업, 거대 은행, 부자들을 부상시켰기 때문에 생겨났다고 말하며, 이를 바로잡는 해법의 핵심어로 '정의'를 거론합니다. 정의로운 경제가 발생할 가능성을 예고하면서, 많은 사람이 스스로 조금 손해를 보더라도 부유층이 향유하는 부당한 부를 제한하기 위해서 함께 싸우리라고 믿습니다. 과거에는 잘살기 위해서 앞만 보며 달렸다면, 이제는 질주하는 과정에서 미처 챙기지 못한 소외된 이웃을 돌아보고 상생하는 방법을 모색해야 할 때입니다. 그 방법이 무엇인지 고민하는 모든 독자에게 『미국, 이상한 나라의 경제학』이 좋은 동지이자 안내서가 되어주리라고 생각합니다.

인명 색인